울진·도광 자구분들 ^^

2025년 에너지버스 운전자의

멋진 추억 만드시길 기원합니다.

2024. 12. P.

전 한 길

네 인생 우습지 않다

일러두기

- 이 책은 한글 맞춤법 규정을 따르되 저자의 개성적인 어조와 표현은 되도록
  그대로 담았습니다.
- '한길록'은 저자의 치열하고 생생한 고투의 흔적을 전하기 위해 육필 일기를
  스캔해 싣고 원문을 최대한 살려 텍스트화했습니다.

네 인생 우습지 않다

인생 일타강사 전한길의 50가지 행복론

전한길 지음

21세기북스

"지나친 욕심은 버리고, 기대했던 것보다 성과가 없더라도 너무 실망하지 마라, 하늘에 맡기자."

지난해 『네 인생 우습지 않다』가 출간되고 쓴 일기장 기록이다. 청년들에게는 도전 정신과 성공의 비법을, 기성세대를 포함한 중장년층에게는 행복의 이야기를 나누고자 쓴 책이 놀랍게도 베스트셀러에 오르고, 많은 사랑을 받았다. 모든 것이 독자분들 덕분이다. 진심으로 감사를 드린다.

그리고 벌써 1년이 흘렀다. 책을 읽은 여러분은 행복의 주인공이 되었을까. 만약 그렇지 않다고 하더라도 삶은 눈 감고 자는 시간 빼고 모든 게 배움의 순간이라는 것을 잊지 말았으면 한다. "All is well." 결국은 잘될 것이란 것도. 저자 또한 더욱더 겸손하게, 정직하게, 모든 이를 섬기는 자세로 임할 것이다. 세상 모든 인생을 응원하며, 이 책의 메시지가 더 많은 분들께 '선한 영향력'이 되길 소망해본다.

2024년 6월
전한길

전한길은 성공한 강사이다.

성공에 대한 기준은 각자 다양하겠지만 10년 전 학원과 출판 사업 실패로 개인 빚을 25억이나 지게 되었을 때 나의 일기장에는 "신이시여, 제발, 이 빚만큼은 다 갚고 죽게 하여주소서. 신이 저를 이 세상에 보냈을 땐 사는 동안 누군가에게 선한 영향력을 전하라고 보냈을 텐데, 이렇게 빚더미에서 죽게 되면 이건 돈 빌려준 사람들에게 악한 영향력을 주는 삶으로 끝나는 것 아닙니까"라는 기도의 말이 쓰여 있다. 그로부터 10년이 지난 지금 나는 25억 빚을 다 갚고, 집도 사고, 연간 매출 100억 이상, 연간 소득세 15억, 국민건강보험료만 5천만 원 이상을 납부하는 위치에 이르게 되었다. 뿐만 아니라 내 강의 중 '쓴소리'만 편집된 유튜브 영상은 현재 구

독자 수가 50만 명에 가깝고 조회 수는 무려 2억 5천만 회가 넘었다. 게다가 부끄럽지만 존경하고 나름 닮고 싶다는 이야기까지 듣게 되니, 이보다 더 큰 성공과 행복이 어디 있겠는가.

그럼, 도대체 무엇이 전한길을 이렇게 성공케 만들었고 사람들은 왜 전한길의 인생 강의를 응원하고 열광하는 것일까?

전한길은 너무나 평범한 사람이다. 가난한 농부의 아들로 태어났고, 잘난 것 없는 유년 시절을 보냈고, 강사로서 성공의 조건으로 꼽히는 서울 명문대 학벌이나 인물이나 머리가 그렇게 좋은 것도 아니었다. 욕설로 들릴 만큼 말도 거칠고 직설적이다. 성공의 조건 100가지를 꼽는다면 그중에서 나는 99가지를 가지지 못했다고 생각한다. 다만 내가 가진 딱 한 가지는 바로 부족한 99가지를 극복하고자 하는 남다른 '열정(passion)'이다. 이 열정이 바로 지금의 성공한 나를 만들었다고 생각한다. 실패 속에서도 좌절하지 않는 '다시 일어날 수 있다'는 긍정적인 마인드와 도전 정신 그리고 치열한 경쟁 속에서도 경쟁자를 깎아내리거나 편법을 쓰거나 반칙하지 않는 솔직하고 정직한 인간성을 가졌기 때문에 가능했다.

이 책은 합격(성공)한 뒤에는 반드시 '행복'해야만 한다는 저자의 신념을 바탕으로 탄생하게 되었다. 진한길이 어려운 여건 속에서도 성공을 하게 된 이유와 방법 그리고 "어떻게 하면 보다 더 행복한 삶을 살 수가 있을까?"에 대해서 지난 53년 인생 살아오는 동안에 몸소 경험하고 고민하고 깨닫게 된 삶의 지혜를 모두 담았다.

이 책은 이제 저자의 손을 떠난다. 모든 평가와 결실은 독자의 몫이다. 그리고 나는 확신한다. 이 책의 성공과 행복의 주인공은 전한길이지만 만약 이 책을 끝까지 읽고, 깨닫고, 실천한다면 이 글을 읽고 있는 귀하가 바로 또 다른 성공과 행복의 주인공이 될 것이라고.

2023년 6월
전한길

『네 인생 우습지 않다』의 인세는 저자의 뜻을 담아 전액 기부됩니다.

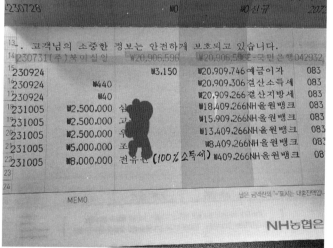

독자분들의 의견을 반영한 기부처와 기부내역

출처: 네이버 카페 https://cafe.naver.com/hangilhistory

차례

그리고, 1년 후　　　　　　　　　　　　　　　004

프롤로그　　　　　　　　　　　　　　　　006

1부
내 인생이 힘든 진짜 이유

01 전한길의 쓴소리　　　　　　　　　　　017

02 누가 시킨 사람 없다　　　　　　　　　　020

03 남 욕하는 순간, 이미 내가 진 것이다　　　025

04 시간에 끌려가는 자 vs 시간을 지배하는 자　029

05 효도는 다 방법과 때가 다르다　　　　　　032

06 대나무의 지혜　　　　　　　　　　　　036

07 늘 처음 시작하는 마음(初心)으로　　　　039

08 영어 공부 못하는 사람은 게으른 사람이야　043

09 남 일에 신경 끄고 앞만 보고 간다　　　　046

10 일단 이기고 보자　　　　　　　　　　　049

11 대장부는 소인배와 논하거나 싸우지 않는다　053

12 패러다임 시프트　　　　　　　　　　　057

13 그 후에 전하고 싶었던 이야기　　　　　　062

2부
핑계 대지 마라 난신적자들아!

14 권위는 자신을 낮출 때 나온다   069

15 작심 3일이면 3일마다 작심하라   073

16 아버지께서 우셨다   076

17 인생에서 100일은 없다고 생각하라   079

18 다 퍼주고 결국 실패한 이야기   082

19 25억 빚더미에도 파산신청 안 한 이유   087

20 기죽지 마라, 청춘은 가진 것이 많다   091

21 신이 우리에게 준 메시지   094

22 내가 일타강사가 될 수 있었던 이유   098

23 침묵보다 무서운 저항은 없다   103

24 누워서 침 뱉지 말고 떳떳하게 삽시다   106

25 자존감은 어떻게 지켜요?   108

26 재능을 따라가면 성공이 뒤따라올 것이다   110

27 세금만 15억 낸 이야기   113

28 인간은 배신하는 존재   116

29 핑계 대지 마라 난신적자들아!   119

30 돈은 따도 문제 잃어도 문제   124

3부
생의 지혜를 쌓는 시간

31 인생은 월세다   131

32 파랑새는 없다   134

33 결혼 안 해도 돼   137

34 역사를 잊은 민족에게……   141

35 내가 최고고, 내 직장이 최고고   144

36 세상에 완벽한 사람은 없다   147

37 그냥 시키는 대로 살다 보니까   152

38 인생 10계명을 정하다   155

39 내가 하고픈 주례사   159

40 상종하면 안 될 두 종류 인간   164

41 출근할 때가 제일 즐겁다   167

42 '선택 장애'란 말 쓰지 말자   171

4부
'인생독립'이 곧 행복이다

43 기죽지 말고! 어깨 펴고!   177

44 불합격은 실패가 아니다   180

45 행복의 기준은 주관적이다   183

46 지금부터 계획표를 5장 세워라   187

47 아이고, 인생 끝이다   191

48 오늘 해야 될 일이 있다는 것   194

49 선생님은 꿈이 뭡니까   198

50 메멘토 모리, 카르페 디엠, 그리고 아모르 파티   200

한길一록(錄)   204

감사의 글   242

1부

내 인생이 힘든
진짜 이유

#쓴소리
#동기부여
#인생철학
#청춘
#슬럼프

"남 욕하는 순간 넌 진 거야."

손가락으로 '저놈은 나쁜 놈이다' 가리키는 순간
손가락이 하나는 다른 이를 향하지만 세 개는 나를 향하고 있어.
남 욕하는 순간 나는 세 배로 더 나쁜 놈이 되는 거야.

누가 시켰냐!
때려치아라고!

01   **전한길의 쓴소리**

가끔 수업 중에 수강생들의 아픈 부분을 찌르는 말을 할 때가 있다.

"이대로 놔두면 죽는다고!
반드시 떨어질 것이라고!"

이런 이야기들이 유튜브 같은 곳에 올라오면서 '전한길 쓴소리'라 부르는 모양이다. 조회수가 2억 5천만 회가 넘는다고 한다. 내가 의식하고 했던 말이든 흘러가면서 나온 말이든 선한 자극이 되는 이야기는 다른 수험생들에게도 들려주려 한다. 그러다 보니 일부에서는 전한길 강의는 사담이 많다느니 강의 시간이 너무 길다느니 하는 마타도어(흑색선전,黑色宣傳)에 시달리기도 하지만, 10년에 한 번 나올까 말까 한 지엽적인 내용을 강의하느라 시간을 쓰는 것보다 현실적인 쓴소리가 오히려 수험생들에게 도움이 될 것이라 믿는다.

나는 내가 강사라는 것에 자부심을 가지고 있다. 학생들에게 내가 알고 배운 것을 전달한다는 자부심뿐 아니라, 어떤 자세와 어떤 열정으로 도전에 임해야 하는지를 가감 없이 전달함으로써 그들을 변화시키고 인도하고 있다는 자부심 말이다. 한국사 시험을 대비한 문제 풀이용 지식을 충실히 전달하여 고득점을 맞을 수 있도록 하는 것이 강사로서의 기본적인 임무이겠지만, 나에게는 합격 그 이상의 미션이 하나 더 있으니 바로 합격 후의 '행복'이다. 그래서 합격을 위한 동기부여와 합격 후 행복한 삶을 누리기 바라는 마음에서 내 경험담과 오십 평생 깨달은 지혜를 전해주고자 한다. 고득점을 획득한 모든 이들이 합격에 이를 수 없는 것이 이 시험이라면 오로지 수험만이 전부가 되어서는 안 된다. 담당 과목의 고득점을 맞게 해줄 수는 있지만 그것만으로 합격이 보장되지는 않는다는 것을 알고 있는 강사는 어떤 자세를 취해야 할까?

각종 인터넷 카페나 커뮤니티를 보면 이런 괴로움이 절절히 묻어나는 글들이 수두룩하다. 나는 일부러 내가 운영하는 네이버 전한길 카페에 자신의 고민을 털어놓을 공간을 마련했다. 요즘 뉴스나 신문을 보면 젊은이들이 자신의 괴로움을 안으로 삭이다가 더 이상 탈출구가 없어 극단적인 선택을 하는 경우가 심심치 않게 들린다. 인생의 황금 같은 시기에 많은 청춘들이 극한의 선택에 몸과 마음을 던진다. 강사 이전에 인생의 선배로서, 나는 그들에게 무엇을 어떻게 전해야 하는 것일까? 그저 "한국사 최고 강사인 내 강의를 들어라"라고만 하는 무책임한 선배가 되고 싶지는 않다. 그들의 선택에 대한 냉정하고 객관적인 조언과, 때로 따뜻하고 진심 어린 격려가 진정 그들을 위한 것은 아닐까? 적어도 같은 처지에 있는 다른 사람들의 공감이나 조언이 새로운 마음가짐을 갖게 하는 매개가 될 수 있지 않을까 싶었다. 시험이라는 것은, 성적이라는 것은, 어느 누구의 집안 형편이든 속사정이란 걸 봐주지 않는다. 오직 성적 순서대로 합격 커트를 자르기 때문에 그럴수록 더 열심히, 더 절실하게 버텨주었으면 한다.

02

누가 시킨 사람 없다

───

힘들다고? 누가 시킨 사람 없다. 직접 선택한 길이다. 자신의 의지로 선택해서 공부하는 것 아닌가? 더 나은 직장, 더 나은 신분, 안정적인 직장을 얻고, 결혼하고, 신분 상승하고자 하는 이유도 있지 않은가. 강의실 옆 건물에 하나은행이 있다. 가서 돈 빌려달라고 해보자. 그냥 돈 빌려주나? 쉽지 않을 것이다. 그런데 공무원 합격 딱 하고 나서 연수 들어가면 은행 직원들이 공무원 신용 대출을 위해 출장을 온다. 원하는 꿈을 이루고 나면, 부수적으로 따라오는 것들이 분명 존재한다.

그걸 얻기 위해서 본인이 선택한 길이다. 누가 시켰으면 참 비참하다 하겠지만 내가 더 잘하려고 선택한 것이기 때문에 힘들다고 하지 말자.

사실 더 잘하려고, 열심히 하려고 하기에 힘든 것 아닌가. 본인이 선택해서 자신의 운명을 결정할 수 있다는 것은 굉장히 행복한 일이다. 나는 학생들한테 기대 수준이 높다. 평생 꿔온 꿈을 이루느냐 못 이루느냐를 정하는 이 중요한 시험에서, 수십 대 일의 경쟁률을 뚫어야 합격할 것 아닌가?

이런 마당에 반항하고, 피시방 가서 앉아 있고, 수업하다 졸고, 그런 사람이 무슨 꿈을 이루겠나? 그 사람 앞날이 눈에 보이는 거다. 나는 떨어지는 제자를 기르고 싶지 않다. 내 수업 듣는 사람은 무조건 합격시키겠다는 집념이 워낙 강해서 '나이 먹은 전한길 강사도 피 토하도록 강의하는데 젊은 수험생이 목숨 걸고 공부해야 될 거 아니야?'라고 생각한다. 그래서 학생들도 나만큼 열심히 해주길 바란다.

대한민국 전체가 이 얘기 저 얘기로 떠들썩할 때에도, 우리 수험생들에게 중요한 건 합격이냐 불합격이냐밖에 없다. 코로나 19 때문에 공부를 못 했다고 변명하지 마라. 스케줄이 틀어져서 떨어졌다? 어느 누구도 알아주지 않는다. 지금 감내하면 되는 고통을 떨어지고 또 반복하고 싶은가? 청소년 때 같으면 부모님께 떠맡기기라도 하겠지만 성인이 돼서는 그럴 수도 없다. 뉴스에서 뭐라고 떠든다고 마음 뜨고 공부 계획 깨지면, 결국은 자기만 손해다.

"선생님, 어떡하면 됩니까?" 하는 물음에 나는 자신 있게 말해주고 싶다.

"미친 자는 성공한다."

영화 한 편 보는 데도 180분 걸리는데 그걸 힘들다고 골골거리는 소리 하면서 강의 시간을 100분으로 줄여달라고 한다. 강사도 그날 진도 나갈 목표를 정해서 가는데 "오늘 어디까지 하지? 진짜 많네. 언제까지 하나?" 하는 학생들이 있다. 자꾸 시계를 본다. 이것은 능동과 피동의 차이다.

드라마 「오징어 게임」에 구슬치기 게임이 나온다. 둘이서 경기를 하는데 한 명은 삶의 목적이 없어 온 사람이고, 한 명은 가족을 되찾아야 하는 꿈이 있는 사람이다. 누가 살았겠는가?

목표를 정하면 강력한 동기부여가 된다. "너 왜 합격하고 싶은데?" 이런 말을 간혹 학생들에게 물어본다. 성공하고 싶다, 인정받고 싶다, 떨어지기 싫다, 어느 것이라도 좋다. 합격에 동기를 만들자.

졸지 않고, 시계를 보지 않고 집중해서 공부하는 방법이 뭘까?

계획표를 세우면 된다. 아침마다 오늘 공부할 계획표를 세우고, 목표한 양을 채우기 전까지 시계를 보지 않는 것이다. 스톱워치를 가지고 순수 공부 시간을 기록하는 사람도 있다. 그것도 괜찮은 방법이다. 무슨 일을 하든 계획표를 세워라. 계획이 있는 사람과 없는 사람은 근본적으로 다르다. 꿈이 있는 사람과 없는 사람은 하늘과 땅 차이다.

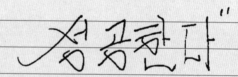

하나에
"미친 자는
성공한다"

집중은 작은 성공들의 연속이다. 그것이 모든 것을 바꾼다.

03

남 욕하는 순간,
이미 내가 진 것이다

어지간하면 욕 안 먹으면서 살면 좋겠지만 그럴 수만은 없다. 우리나라에서 제일 욕 많이 얻어먹는 사람은 대통령 아닌가. 잘했다는 사람도 있고 못했다는 사람도 있을 것이다. 모두 대통령이기 때문에 욕 먹는 것이다. 연예인 중에도 제일 인기 많은 사람이 안티도 제일 많다. 왜냐하면 보는 사람마다 성향이 다양하고 평가 기준이 다르기 때문이다. 그런데 입만 열면 남 욕하는 사람이 있다. 가까이하지 말라고 하고 싶다. 계속 듣다 보면 나도 염세적이고 비관적이 되기 십상이다.

내 인생이 힘든 진짜 이유

손가락의 지혜라는 말이 있다. 손가락으로 "저놈은 나쁜 놈이다" 가리키는 순간 손가락 하나는 다른 이를 향하지만 세 개는 나를 향한다. "저 사람 나쁘다" 하는 순간 나는 세 배로 더 나쁜 놈이 된다. 나는 혹시나 내 입에서 욕이 나오면 무조건 나 자신을 먼저 돌아본다. 나 자신한테는 관대하고 남에게 엄격한 사람이 있고, 반면에 남에게 관대하고 자신에게는 엄격한 사람이 있다. 여러분은 어느 쪽인지 생각해보면 좋겠다. 공자가 이야기한 신독(愼獨)이라는 표현이 있다.

'삼갈 신(愼)
홀로 독(獨).'

혼자 있을 때 삼가고 조심하고 스스로 절제하는 능력이 중요하다. 원래 혼자 있을 때 가장 타락하기 쉽다. 남이 안 보니까. 자기 수행을 위해서도 필요한 말이다. 혹시나 입에서 욕이 나오거든, 나는 세 배로 더 나쁜 것은 아닌지 자기 자신을 먼저 돌아보기를 바란다.

남 욕하는 사람들은 '쟤는 나쁘지만 나는 좋은 사람이야'라는 것을 말하고 싶어 한다. 내가 잘났고 남 못났다고 말하는 것 같지만 실은 반대다. 남 욕하는 순간, 이미 내가 진 것이다.

나도 이런 일을 겪어봤다. 내가 어렵고 바닥에 떨어졌을 때 인기 없는 강사한테 누가 욕을 하겠는가? 내가 좀 잘나가기 시작하면서 안티도 생기고 커뮤니티에 전한길이 어떻다 하면서 이야기가 나오는 것을 보고 '내가 잘나가고 있구나' 생각했다. 남을 욕하고 싶을 때 '내가 못난 놈이구나' 이렇게 생각하면 된다. 내가 못난 것을 밝히기 싫으니까 남 욕도 안 할 수 있을 것이다.

그럼 입도 더러워지지 않을 수 있다. 나는 한 번도 타 강사를 비난한 적이 없다. 실제로 처음 노량진에 와서 바닥부터 시작할 때, 내 교재와 강의의 반응이 좋으니 주변에서 말들이 많았다. 그러나 나는 남을 까내리거나 욕하지 않았다. 내가 일타강사가 된 이유 중에 하나가 그거라고 생각한다. 나는 살아오면서, 여기까지 올라오면서 반칙하지 않고 정직하게 승부해온 것에 대해서 가장 떳떳하다. 이건 자랑이기도 하다.

처음 노량진에서 종합반을 맡은 것은 두 달 수업이 끝이었다. 400~500명 들어 있는 강의실에서 정말 열심히 했던 기억이 있다. 실제로 강의가 끝나고 수험생 평가를 본 원장이 나를 따로 불러 20년 넘게 학원 운영하면서 이런 강의 평가는 처음 봤다며 압도적이란 표현을 했었다. 그런데 그것이 외려 독이 된다. 경쟁 강사들에 의해서 또는 학원 공학적으로…… 지금 생각해보면 이해는 된다. 오프라인 종합반 수업 기회를 안 주니까 시간이 너무 많이 남았고, 당장에는 돈도 못 벌었다. 어쩔 수 없이 학생 한두 명 앉혀놓고 온라인 동영상 강의 촬영에 집중했고, 시간이 많이 남으니 새로운 교재를 쓰게 됐다. 그게 지난 10년간 120만 부 이상 판매된 공무원 수험서 스테디셀러 『전한길 합격생 필기노트』와 『3.0 기출문제집』이 나오게 된 계기다. 결과론적으로 너무 잘된 일이었다. 시장은 오프라인에서 온라인 중심으로 변화했고 나의 온라인 강의와 교재는 1등이 되었다. 살아남기 위한 나의 방법이 전화위복(轉禍爲福)이 되어 새로운 길이 된 것이다.

늘 남한테 관심을 두고 가십에만 신경 쓰다가는 남보다 못난 사람, 부정적인 사람, 실패하는 사람밖에 못 된다. 무조건 어떻게 하면 내가 잘할까만 관심 가지면 된다. 남 욕하기는 쉬워도 내가 잘하기는 어렵다. 그러니까 남한테 너무 관심 두지 말고 "어떻게 하면 내가 잘할까?"만 생각하고 행동하라.

04

시간에 끌려가는 자
vs 시간을 지배하는 자

지하철을 타보면 아침, 저녁 시간에 급하게 뛰어다니는 사람이 그렇게 많다. 미리 준비하면 되는데. 원하는 목표를 이룰 때까지만이라도 제발 시간에 끌려가는 자가 아니라 시간을 지배하는 자가 되면 좋겠다. 세상에 어느 누가 남의 지배를 받기 원하겠느냐마는 어리석게도 본인 스스로 날개를 꺾고 스스로 자기 눈을 찌르는 사람이 많다. 미리 준비하지 않으면 평생 시간에 끌려가는 노예가 된다. 계속 끌려다니는 것이다. '이거 나잖아' 하는 생각이 들거든 이 순간부터 습관을 한번 바꿔보라. 본인이 목표한 결전의 날까지 제발 좀 끌려가지 말고 한번 이끌어 가보라. "선생님, 어떻게 하면 되죠?" 미리미리 준비하는 습관을 가지면 된다. 시험 준비도 지금부터 미리미리 하는 거다. 꼭 그때 가서 쫓기듯이 하지 말고 100일 남았을 때는 30일 남은 시점으로 생각하고 공부를 하란 말이다.

코로나 때문에 시험이 두 달 연기된 적이 있다. 사회적, 국가적으로는 방역이다 뭐다 시끄러울지 몰라도 결국 수험생들한테는 합격자 명단에 이름이 있느냐 없느냐만 남는다. 시험 날짜가 한두 달 앞으로 다가왔는데 공부가 덜 된 학생들은 '시험 연기하자'파가 된다. 거꾸로 그날까지 정말로 딱 계획을 세운 재시생, 삼시생들은 연기되면 손해다. 왜? 두 달, 세 달 연기되면 합격권에 있지 않던 친구들도 치고 올라와 나를 떨어뜨리고 합격을 하는 것이 현실이 되니까.

그때, 시험 연기하라는 청원 올리자고 하면서 하라는 공부는 안 하고 불안감을 조성하는 글을 계속 올리는 놈이 있었다. 강제 퇴장시켰다. 하루 카페 방문자만 10만 명이 넘으니, 수험생들한테 부정적인 영향을 미칠까 염려되는 부분도 있었지만 나는 100일이 남았으면 90일 또는 30일 남았다고 생각하고 그 긴장감으로 공부하고 시험 준비 하는 것이 맞다고 본다.

오늘 하루 24시간이 너무나 귀하다. 다시 못 오는 날 아닌가? 절대적인 시간은 바꿀 수 없지만 어떻게 이용하느냐에 따라 상대적으로 바뀌지 않겠는가? 이 24시간을 쪼개자. 수학적인 표현으로 시간을 미분하자. 24시간을 전체 하나로 보고 이걸 다시 다섯 조각으로 쪼개서 하루를 가장 알차고 후회되지 않게 보내자.

당일까지 지각하는 놈은 뭘까. 시험이든 면접이든, 당일에는 일찍 가서 마음 차분하게 준비를 하자. 미리 준비를 하다 보면 여유로워진다. 습관의 차이다. 시간을 지배하는 자가 되어야 한다.

떨어지고 붙는 것은 국가적인 문제가 아니다. 그 결과는 본인이 다 감당해야 되는 것이기에 부디 이 글을 읽는 여러분들은 흔들림이 없기를 정말로 바라는 바다.

자신의 방식을 금과옥조라고 생각하지 마라. 자신의 방법이 잘못된 것일 수도 있다고 인정하라. 명심하길 바란다. 내가 진짜 열심히 했다고 생각하는데 결과가 기대와 큰 차이가 있다면 방식에 문제가 있을 수 있다고 본다. 스스로 정말 냉철하게 분석하고 자신의 준비법을 다시 생각해보기 바란다.

그리고 기본을 저버리지 마라. 지겹다고? 나도 잘 안다. 얼마나 지겹겠는가. '난 아무래도 못하겠어' 따위 생각은 당장 쓰레기통에 처박아라. 나는 할 수 있다는 믿음, 스스로에 대한 믿음을 가져라. 돈이 늘 문제인 것 같지만 사실 가장 어려운 것은 자기 자신과의 싸움이다.

05

효도는 다
방법과 때가 다르다

수험생에게 지눌스님이 말씀하신 돈오(頓悟), 즉 자극과 깨달음을 얻는 데 추천하고 싶은 말이 있다.

"부모님을 먼저 생각하라."

자식 잘되기만을 기도하는 부모님들이 많다. 여러분도 먼발치에서 부모님 일하는 모습 한번 보고 와봐라. 대형 마트 판매대에서 하루 종일 서 계시는 어머니를 생각하면 결코 헛되이 하루를 보낼 수는 없을 것이다.

나도 부모님 생각하면서 동기부여를 했다. 나는 가난한 농부의 아들이었다. 아버지, 어머니는 농사를 지었는데 오남매를 키우다 보니까 남의 집 일도 하고 소작도 하고 그랬다. 우리 아버지, 어머니를 생각하면 게으를 수가 없었다. 농사일이라는 것이 여름에는 뜨거운 태양을 피할 수 없고 겨울에는 추위에 맞서 바깥에서 일을 해야 된다.

우리 어머니께서는 가을철에 깻잎, 콩잎, 고추 삭혀서 겨울철에 대구에 있는 칠성시장하고 남문시장에 팔러 다니셨다. 겨울에 재래시장 가면 할머니, 아주머니가 앉아서 장사를 하고 있는 모습을 흔히 보았을 것이다. 그 아주머니의 모습이 우리 어머니의 모습이었다.

가난 속에서 자식을 위해서 뼈 빠지게 고생하는 것을 생각하면 스스로 열심히, 성실하지 않을 수가 없었다. 혹시나 부모님께서 사정이 힘들거나 홀어머니께서 열심히 여러분을 뒷바라지하고 계시거든, 더 열심히 공부하란 말이다. 그리고 멋지게 합격증을 딱 가지고 돌려드려라.

내가 사업에 실패했을 때 나 때문에 우리 어머니도 그 시골에서 얼굴도 못 들고 다녔다. "너희 아들 이번에 망했다며?" 우리 부모님은 그런 얘기 들으면서도, 자존심 죄 상해가면서 다 참아주셨다.

내 인생이 힘든 진짜 이유

어머니한테 자주 전화하고 연락하는 게 효도일까? 어버이날 가슴에 꽃 달아드리는 게 효도일까? 알바해서 돈을 버는 것? 웃기고 있다. 효도라는 것도 다 방법과 때가 다르다. 시골에 계시는 어머니한테 전화를 안 하는 게 효도다. 안쓰러운 자식 목소리에 눈물만 지으실 거다. 수험생에게는 합격만이 효도다. 부모님 보기에 자랑스러운 아들딸이 되는 것, 그게 효도다.

지금 나는 어머니한테 효도를 하고 있다. 아버지는 그사이 돌아가셨지만 나를 기다려준 어머니가 계신다. 우리 어머니가 얼마 전에 면사무소 갔는데 다 나의 제자들이라 뿌듯하셨다고 한다. 어머니가 또 은근히 자랑삼아 이야기한 것 같지만은……. 우리 아들 혹시 아냐고? 전한길이라고. 물론 어머니의 공을 생각하면 내가 평생 갚아도 못 갚겠지만, 그래도 인간 노릇하고 사니까 내 스스로도 자랑스럽다.

내가 어떻게 게으를 수가 있을까? 뙤약볕에 일하시는 모습, 겨울철에 추운 데서 일하고 계시는 모습, "그래. 내가 자식 된 도리로서 게으름 피울 수는 없지" 이것이 나를 다잡을 수 있는 가장 큰 자극이 되었다.

기나긴 수험 생활에도 끝은 있다. 어쩌면 인생의 마지막 시험이 될 수도 있지 않은가. 그날까지 전력 질주하고, 원하는 만큼 쉬면 된다. 인생의 전체로 봤을 때 힘든 지금 이 시기는 지극히 짧다. 부모님께 합격증 먼저 가져다드리고 나서, 내 자유를 마음껏 추구하자.

내 인생이 힘든 진짜 이유 ────────

06 대나무의 지혜

———

대나무가 길게 자랄 수 있는 것은 가지를 많이 뻗지 않기 때문이다. 그러다 보니까 올곧게 끝까지 자랄 수 있다. 대나무는 또 좀 자라다가 매듭을 만들고 좀 자라다가 매듭을 만든다. 그렇게 해서 아주 길게 뻗을 수 있다. 이런 대나무의 모습에서 얻을 수 있는 지혜는 두 가지다. 첫 번째는 에너지를 오직 한 줄기에 집중하는 것, 두 번째는 매듭을 만들면서 올곧게 자라는 것이다. 매듭이 없으면 나무는 부러져버린다. 좀 자라다가 뒤돌아보고 자라다가 뒤돌아보며 점검을 한다는 거다. 이는 정반합의 변증법 논리에도 적용할 수 있다. 공부를 열심히 한다. 이게 흔히 말하는 '정'이다. 하지만 늘 공부가 잘 되고 집중이 잘될 수는 없다. 어느 순간 집중이 잘 안 될 때가 있기 마련이다. 그럴 때는 스스로를 돌아보게 되는데, 이게 바로 '반'이다. 공부가 안 되는데 멍하니 책만 들고 있는 사람만큼 어리석은 게 또 없다. 이때는 바로 다시 공부하도록 만들고 싶은 동기를 부여해야 한다. 영화를 봐도 좋고, 가까운 곳으로의 여행도 좋다. 한 걸음 떨어져 자신을 객관화하는 시간도 도움이 된다. 커피 한잔 하겠다, 한숨 자고 오겠다, 각자의 사정에 맞는 지혜로운 방법들을 마련하길 추천한다. 물론 매번 동기부여만 하는 사람은 열외로 한다.

공부에도 매듭이 필요하다. 월화수목금토일 스케줄표 짤 때도 토일은 달라야 한다. 특히 일요일은 지난 6일간 공부를 돌아보고 부족한 걸 채울 수 있는 날로 남겨두어야 한다. 일요일까지 지나치게 빽빽하게 짜놓았다가 하루라도 구멍이 나버리면 계획이 틀어지고, 계획이 틀어지면 마음도 틀어진다. 차곡차곡 쌓던 탑을 돌 하나 어긋나서 부수어버린다면 얼마나 낭패인가.

중요한 것은 꾸준히 수위를 유지하는 것이다. 이것이 합이다. 대나무로 치면 매듭을 만드는 것과 같다. 이 매듭을 얼마나 잘 만드느냐가 지치지 않고 목표점까지 달릴 수 있는 하나의 전략이 된다.

노량진에 올라온 이후 나는 딴 곳에 한눈을 팔지 않았다. 오직 강의와 교재 개발에 개인적으로 주어진 모든 에너지, 시간, 열정을 집중했다. 이렇게 집중하다 보니까 합격생들이 많이 배출되고 '시험에 최적화된 교재와 강의다'라는 입소문이 퍼지게 되면서 일타 강사의 위치에 오르게 되었다.

여러분들의 목표는 합격과 성공이다. 비법이라 하기에는 좀 단순하지만 자기에게 주어진 모든 에너지와 시간을 공부에 쏟아붓는 것만큼 정직한 방법은 없다. 나는 여러분들이 시행착오를 덜 겪고 목표를 이루기 위한 가장 전략적인 방법으로 나를 활용하기를 바란다. 그전까지 대충 살았는가? 그럼 지금 이 순간부터 달라지면 된다. 매 순간 치열하게 살아라!

누구나 잘 안되는 때는 있다. 그럴 땐 잠시 멈추어도 좋다.

"그래, 이제 공부해야지."

이런 생각이 들면 또 집중, 다시 시작이다.

07

늘 처음 시작하는 마음(初心)으로

초심(初心), 우리말로 풀어보면 '늘 처음 시작하는 마음으로'. 1997년 IMF 외환 위기가 닥쳤을 당시 공익광고에도 나왔더랬다. 처음 시작하는 마음으로 다시 일어서자고. 국가와 국민을 위해 봉사할 것을 다짐하며 경례하는 초임 경찰관, 강단에 선 초임 교사, 건설 노동자, 초임 간호사 분들의 처음 시작하는 마음들, 각자의 위치에서 그 마음들을 간직한다면 이루고자 하는 행복에 닿을 수 있을 것이라는 메시지가 아직도 기억에 생생히 남는다.

떠올려보라. 사정은 다르지만 다들 '시작'할 때가 있었다. 그것이 무슨 일이든지 간에, 시험이든 목표하는 것이든 처음엔 모두 "열심히 해봐야지. 잘 살아봐야지. 약속도 잘 지키고 끝까지 잘해 내야지"라고 생각했을 것이다. 하지만 시나브로 날이 지나고, 자기 합리화를 해가면서 초심은 결국 변질된다. 현실과의 타협에 남는 것은 결국 실패뿐이다.

나 역시 노량진에 처음 올라올 때 다짐한 것이 있었다. "지금 이 열정으로 수강생들에게 합격의 꿈을 이루게 해주자. 강사로서 이 마음 변하지 말자. 늘 초심을 간직하자" 지금도 나태해질 때마다 늘 스스로를 돌아보고 이 마음을 간직할 수 있도록 노력한다.

사실 학생들의 이야기를 들어보면 부모님이나 가정에서 수험 생활을 응원하고 지원해주는 경우보다 거꾸로 집안 형편 걱정에 잠 못 이루고, 공부할 여건조차 안 되는 경우들이 대단히 많다. 그러나 원래 성인이란 게 그런 거다. 그저 그러려니 하고 이겨내야 되는 것이다.

"This too will pass."

이 모든 것, 이 또한 지나가리라. 내가 어려울 때 가장 용기 되는 말이었다. 늘 수시로 지금도 곱씹는 말, 실패나 실연, 감당하기 벅

찬 어려운 처지에 놓여 있다면 매일 10번씩 "이 또한 지나가리라" 하고 되뇌어보라. 군대에서 개고생하더라도 국방부의 시간은 흐른다. 이 수험생 기간도 뭐 영원할 것 같나? 결국 수험생의 시계도 간다. 그리고 우리는 신의 축복으로 고통을 '망각'하게 된다. 지금 너무나도 견디기 힘든 일이 있다면 이 또한 지나간다는 것, 시간이 해결해 준다는 것을 기억하라. This too will pass.

오늘도 수업에 들어가기 전 사우나 가서 반신욕과 함께 묵상하며 목욕재계를 하고 왔다. 오늘 하루 나의 학생들을 위해서 무엇을 할 것인가? 어떻게 도움이 될 수 있을까? 스스로 자문하고 답을 구한다. 우리 각자의 위치에서 늘 시작하는 마음을 종강할 때까지, 합격할 때까지 가지고 가자. 그렇게 하면 목표하고 있는 꿈도 꼭 이루어 내리라 믿는다. 전한길을 보면서 한국사 고득점뿐만 아니라 파이팅 스피릿, 투지, 깡도 배워 가라.

初心

↳ Mont : 애써 감자. 새감자

ⅰ) 대학생 : "선생님, ~물어요"
   신입사원 : 천천히. 또박또박

ⅱ) 마음 가짐 : 사랑. 겸손,

ⅲ) 동정 : 웃기 (늘 순수함에)

ⅳ) Passion : 혼이 깃든

초심을 잃지 않는 사람은 끝까지 청춘을 간직한다.

08 영어 공부 못하는 사람은 게으른 사람이야

시험 영어만큼 쉬운 게 없다. 나는 수학을 못해서 그렇지, 영어는 좀 했다. 외우면 된다. 시험 영어는 아이큐하고는 전혀 상관이 없다.

"I'm a boy. you're a girl.
This is a black board."

영어 단어를 다 외우고 나면 영어 단어의 조합이 숙어가 되고 숙어 조합이 문장이 된다. 누구한테 배운 적도 없다. 고등학교 올라가면서 『맨투맨 기본 영어』 두 권을 딱 열 번 봤다. 거기에 있는 단어 외우고 숙어 외우고 to 부정사, 동명사, 분사 문법 원칙만 외웠더니 문제를 다 맞힐 수 있었다.

처음에는 물론 어렵다. 한 권 보는 데 몇 개월이 걸렸으니. 그러나 두 번, 열 번 정도 반복해서 보니까 다음 한 권 볼 때는 훨씬 수월했다. 그리고 나서 『성문 종합 영어』를 대여섯 번, 이장돌 선생이 만든 『리더스 뱅크』로 트레이닝을 했더니 영어는 잘할 수밖에 없게 되었다. 집에서 학교가 멀었으니까 왔다 갔다 하면서 영어 단어를 정말 많이 외웠던 기억이 난다.

지금 수험생들을 보고 있으면 영어 못하는 사람들의 공통점이 있다. 이 선생 찔끔, 저 선생 찔끔, 이 책 찔끔, 저 책 찔끔. 하나라도 제대로 들었으면 한다. 그리고 영어 못하는 사람은 앞으로 기억해라. 머리가 나쁜 게 아니고 게으른 거다. 외우기 싫어서 그런 거다.

나는 정말 부지런하게 공부했다. 외우는 것은 자신 있었다. 왜? 반복하면 되니까. 평범한 머리를 가진 사람이 뛰어난 머리를 가진 사람을 뛰어넘는 방법은 계속해서 반복, 집중, 반복, 집중밖에 없다. 머리 좋은 사람은 한두 번 읽고 외우겠지만 나는 그렇게 못 하니까 반복하고 또 반복해서 그 사람을 뛰어넘었다. 기억력의 한계를 극복하는 방법은 반복뿐이다.

이 말을 하는 이유는 영어도 그렇고 한국사도 그렇고 그냥 개념을 이해하고 반복하면 수험이 너무 쉽다는 거다. "공무원 한국사 공부는 암기입니까? 이해입니까?" 공부가 곧 암기다. 5급 행정고시도 전부 암기다. 옛날에 공자왈 맹자왈 전부 다 외우는 거 아닌가? 내가 판서를 왜 하는가? 하나하나 스토리텔링으로 여러분을 이해시키려고 하는 것이다. 여러분은 반복만 하면 암기가 되는 거다. 두문 글자, 정말 유치하고 좀 간지럽지만 생선 먹듯이 가시는 발라내고 살코기만 받아들여 자기 유리하도록만 받아주기를 바라본다.

09 남 일에 신경 끄고 앞만 보고 간다

사람들이 전부 다 자기 앞만 보고 가면 되는데 남의 일에 너무 관심이 많다. 노량진에 와 있는 수험생도 마찬가지로 강사에 대해서 너무 관심이 많다. 학원에 너무 관심이 많아 나보다 학원 강사에 대해서 더 많이 아는 사람들이 있더라. 부모님을 생각한다면 그러지 말라고. 오직 너의 합격만을 바라보고 있는 사람들을 떠올리며 시간 낭비 하지 말자.

원래 실패하는 사람들의 공통점이 내가 잘하는 데 관심 없고 남에 대해서 관심이 많다는 것이다. 남의 잘못에 대해서는 너무나 엄격하고, 자기 자신의 잘못에 대해서는 관대하다. 거꾸로 해야 된다. 자기 자신에 대해서는 엄격하고 남에게 관대하고. 자기 자신에게 관심을 많이 가지고 어떻게 하면 내가 잘할까 고민하는 게 중요하다.

수험생의 가장 시급한 목표가 무엇인가? 합격이다. 오직 한국사만 고득점 받으면 되는 거다. 그렇게 앞만 보고 가라고 말씀드리고 싶다.

"그거 아나?
이 우주에서 네가 제일 소중하다."

내가 어떻게 하면 잘할 수 있을까? 내가 어떻게 하면 합격할까? 어떻게 하면 내가 행복할까? 거기에만 충실하면 된다.

여러분들은 지금 굉장히 특수한 상황에 속해 있다. 또래 친구들은 여행도 가고 친구랑 만나서 수다도 떨고 술도 한잔하고 또 가족과 함께 즐거운 시간도 가지고 하는 게 일상이지만, 수험생에게 요구되는 것은 그게 아니다. 설날이나 추석 명절에 가족 중에 누가 안 오면 의아해하지만 "수험생이잖아"라고 하면 "아……"라고 하지 아무도 "그럴 수가 있냐?"라고 묻지 않는다. 그만큼 수험생들한테 요구되는 것은 인간적 도리가 아니라 오직 합격만을 향한 몰입과 학업 정진뿐이다.

살다 보면 어느 순간 어느 해 중요하지 않은 때가 없을 테지만 때로는 굉장히 큰 전환점이 되는, 터닝 포인트가 되는 결정적인 시점이 있는데 그게 바로 지금이다. 내 평생이 불과 몇 개월 사이에 결정된다. 취미는 여러 개를 가질 수 있지만 직업은 여러 개를 갖기가 쉽지 않다. 내가 무엇을 하며 살아갈 것이냐가 결정되는 것이 바로 이 합격의 당락이기 때문에, 일생일대 지금보다 더 큰 위기는 없을 것이다.

지금은 합격만 생각하자. 아무 데도 관심 갖지 말고 아무 신경 쓰지 말자. 오직 나의 길만 가자.

"아이고, 그 집 아들 전한길이라고 잘나간다 하더니만 망했대" 남 얘기 좋아하는 사람들의 이야기, 그걸 들으신 우리 아버지, 어머니는 심정은 어떠하셨을까? 내 인생 거의 끝날 뻔했으니까, 내가 어떻게 게으를 수 있겠나? 나를 보고 어떻게 성공하게 되었냐고 묻는다면 '절박함'이었다고, 나는 다른 데 신경 쓸 겨를이 없었다고 이야기하고 싶다.

앞만 보고 가자. 나는 내 이야기가 헛되지 않을 것이라 확신한다. 낭만은 없고 잔인한 경쟁만 있는 이 바닥, 빨리 벗어나야 되지 않겠는가?

10   일단 이기고 보자

나는 학원 사업, 출판 사업 할 때 정말 정직하게 경영했다. 망해도 멋지게 경영하다가 망하고 싶었다. 그런데 실제로 망했더니 그 정직한 경영을 아무도 알아주지 않았다. 빚더미에 앉으니까 내가 반칙하지 않은 것에 대해서 알아주지 않았다. 그때 느낀 게, "경쟁은 이기고 봐야 된다"는 것이었다.

국가경영, 기업 경영, 개인 경영 모두 마찬가지다. 국가 간 경쟁에서 이기면 전성기가 되지만 지고 나면 역사에서 사라진다. 기업 간 경쟁에서도 밀리게 되면 부도가 나고 그 기업은 없어진다. 개인 간 경쟁인 시험도 마찬가지다. 시험 떨어지고 나면 1점 차이로 떨어졌든 0.5점 차이로 떨어졌든 아무도 알아주지 않는다. 결과만 중요하다. 떨어지면 끝이다. 옛말에 "서러우면 출세하라"는 말이 있다. 비참하거든 더 열심히 공부해서 합격하라. 나보다 더 늦게 독서실에 온 친구가, 또 내가 공부법 다 알려준 친구가 합격하고 나는 떨어지면 정말 비참하다. 그러면 그럴수록 더 독하게 공부해서 합격해야 한다. 여러분은 경쟁 세계에 왔다. 수십 대 일의 경쟁이다. 여기에 떨어져서 집으로 가려고 온 사람은 아무도 없다.

강사의 세계도 똑같다. 나는 여러분을 합격시켜야 된다. 무조건 내 수업 들은 수험생들이 내 수업 듣지 않는 수험생들에 비해서 경쟁에서 이기고 합격하는 게 내 지상 목표다. 모든 공무원 시험에 직접 원서를 내고 응시하러 가고, 출제기관에서 정답을 발표하기 전에 제일 먼저 가답안을 올리는 남다른 열정과 노력으로 나는 떳떳하게 이 자리에 왔지 않았나? 이 말은 경쟁에서 이겼다 이거다.

"지금 몇 차 개헌이냐?" 했는데 "어?"라고 하면 이미 너는 떨어진 거다. 선생님이 그렇게 충격적인 말을 해도 되나? "선생님, 왜 기분 나쁘게 그런 말 해요?" 기분 나쁘거든 공부해라. 바로바로 답이 나오도록 준비되어 있어야 한다. 망설이면 이미 진 거다. 합격권 학생들은 빛의 속도로 풀고 넘어간다.

아직 남은 시간이 있기 때문에 하는 말이다. 어느 강사가 자기 제자 떨어지라고 저주하고 싶을까? "떨어지면 다시 선생님 수업 듣고 돈 벌려는 거 아니에요?" 아니다. 돈 벌기 위해서 합격시켜야 된다. 떨어지면 그 학생 한 명만 다시 오지만 합격하고 나면 한 명이 아니라 열 명, 스무 명, 백 명, 수천 명이 온다. 합격 후기 올라오고 입소문이 퍼진다. 후배들, 친구들이 "합격 축하해요. 누구 수업 들었어요?" 했을 때 전한길이라고 그러면 합격자 말보다 더 신뢰할 수 있는 경험담이 어디 있겠나.

그래서 여러분을 합격시키는 것이 바로 내가 잘되는 길이다. 여러분이 합격하고 나면 제일 좋아하는 사람이 가족, 가장 친한 친구, 몇몇 친척밖에 없다. 나머지는 다 배 아파 한다. 겉으로는 축하한다고 하지만 속으로는 배 아파 한다. 경쟁에서는 이기고 봐야 되는 거다. 지고 나면 아무도 알아주지 않는다. 나처럼 부도나서 10년 가까이 바닥 생활, 신용불량 생활하고 그 많은 빚쟁이들 찾아오는 굴욕을 당해봐야 이해할 텐가.

수험생한테도 마찬가지로 합격해놓고 말하라고 한다. 가끔 공부하다가 딴 길을 찾아봐야겠다고 포기하겠다고 하는 학생한테 이렇게 말한다. 일단 합격하라고. 합격해놓고 말하라고. 왜냐하면 못하는 것과 안 하는 것은 하늘과 땅 차이이기 때문이다. 합격해놓고 난 뒤에 말하면 사람들이 신뢰를 해주지만 합격을 못 해놓고 말하면 뭐라 해 줄 말이 없다.

게으르지
말자

했던일은
내가 낳은자식

결정하게
최선을것

"경쟁
이게임"
적극성금"이게임

"게으른 자의 길은 가시 울타리 같으나
정직한 자의 길은 대로니라."

- 전한길 10계명 중

11 대장부는 소인배와 논하거나 싸우지 않는다

"너 또 떨어졌냐?"

수험 생활을 하다 보면 주변의 말과 시선에 참 많이 다친다. 날 무시하는 사람들에게 복수하고 싶거든 이기고 보자.

나쁜 복수가 아니라 떳떳하게, 반칙하라는 게 아니라 멋있게 경쟁에서 이기라는 거다. 이기는 게 뭔데? 합격하는 거다. 수험 공부하다 보면 연인들도 떠나간다. 얼마나 마음이 아프고 하소연할 데가 없으면 내 카페까지 와서 글을 남길까…… 생각하면 참 안타깝

내 인생이 힘든 진짜 이유 ——

다. 나는 여러분이 합격할 거라 믿는다. 그런데 남친, 여친들은 안 믿을 수 있다. 처음에는 열심히 해서 될 줄 알았는데 두 번, 세 번 떨어지고 나면 떠나간다. 자존심이 무지무지 상하는 일이다.

명절 때 카페에 올라온 이야기다. 설날 큰집에 갔는데 큰아버지가 너 요즘 뭐 하냐 해서 공무원 공부한다 하니까 "야, 너 안 돼. 너는 떨어져"라고 했다더라. 큰아버지의 그 이야기를 듣고 부글부글해서 바로 집으로 왔는데 분이 풀리지 않는다는 거다. 내가 댓글로 그러면 니 생각이 옳고 큰아버지가 틀렸다는 것을 증명하라고 그랬다. 큰아버지한테 멋지게 복수하라고.

누구든 나보고 안 된다고 말하거든, 한번 보여주는 것이다. "큰아버지 이게 뭔지 아십니까?" 합격증 딱 들고 다음 명절 때 가서 해냈다는 것을 보여주어라. 큰아버지가 뭐라고 하겠나? "그래. 너 참 훌륭하다. 고생했다. 멋있다"라고 할 거다. 내가 잘되는 것이 최고의 복수다.

이 꽉 깨물고 시험 합격하라. 그리고 나를 버리고 간 그 사람보다 더 나은 여친, 더 나은 남친 만나서 더 행복하고 잘 사는 것을 보여주어라. 나를 버리고 간 그 사람이 '그때 내가 왜 그랬을까?' 후회하게 만들어라. 그것이 진정한 복수다.

"대장부는 소인배와
논하거나 싸우지 않는다."

서른에 정한 나의 인생 10계명 중 10번째이다. 그때부터 누구랑 싸우거나 논쟁한 적이 없다. 그냥 져주고 만다.

수능 강사 시절, 나는 소위 잘나갔다. 대구 지역 출신 강사 최초로 EBS 방송 강사가 되고, 강의 평가도 EBS 강사 전체에서 1등을 했다. 강사와 직원을 합쳐 100명이 넘는, 대구에서 가장 큰 학원인 유신 학원 이사장도 했다. 내가 집필한 교재도 전부 베스트셀러였다. 『에브라임』이라고 당시 EBS 방송 교재보다 이 책이 더 많이 나갔다. 그러니까 나는 베스트셀러 작가, 인기 스타 강사, 대형 학원 이사장, 출판사 대표이사를 하고는 그 뒤로 다 실패했다. 학원 실패, 출판사 부도, 인기 강사 추락. 메가스터디 꼴찌 강사까지 갔다. 어떤 사람이 캡처해둔 게 아직도 인터넷에 돌아다니고 있다. '전한길 메가스터디 꼴타' 잘나가던 30대 초반 전한길은 엎어지고 부도 나고 25억 빚더미에 앉았다. 나와 친했던 사람들 중 내가 실패한 걸 기뻐한 애들도 많았다. 내가 망한 걸 가지고 저희들끼리 수근거렸다. "야, 전한길이 망했대. 아이고 어떡하냐?" 그러면서 자기들 위안으로 삼기도 하고.

수험생을 알아주는 사람은 없다. 하지만 그 굴욕의 시간도 견뎌내야 된다. 못난 사람일수록 큰일을 해본 적이 없으니 실수가 드러나지 않는다. 거꾸로 유능한 사람일수록 여러 일을 하다 보면 실패할 수도 있고 흠집이 드러날 수도 있다.

굴욕을 견뎌낸 대표적 인물이 중국 한나라의 백만 대군을 이끌었던 대장군, 한신 장군이다. 그는 어린 시절 대장군이 되겠다는 포부를 가지고 큰 칼을 차고 다녔는데 불량배들이 제 가랑이 사이를 기어가라며 조롱을 한다. 한신 장군은 굴욕을 감내하면서 사타구니 밑을 지나갔다. 하지만 그는 훗날 백만 대군을 이끄는 한나라 장수, 대장군이 된다. 백만 대군을 이끄는 한나라 대장군이 양아치들하고 싸울까? 그거 싸우면 한신 장군이 손해다. 그게 대장부의 마음가짐이다. 장자도 말하지 않았는가. "참새 무리가 어찌 대붕(大鵬)의 뜻을 알랴."

12
패러다임 시프트

가산점까지 다 계산해보니까 0.1점 차이로 떨어졌다고, 너무 원통하다는 글이 올라왔다. 그 친구를 위로하기 위해서 무슨 말을 해줄 수 있을까?

"긍정적으로 받아들여라. 항상 최선을 다하되 무조건 목숨 걸고 해라." 그랬는데도 떨어질 수 있다. 떨어지고 나면 어떻게 해야 할까? 또 하면 된다. 모든 것은 생각에 달렸다. 마인드 컨트롤.

시험에 떨어지고 나면 현실은 가혹하다. 그것도 못 맞히냐, 들인 시간이 얼만데? 9급도 못 붙냐? 눈앞이 캄캄하고 때로 죽고 싶단 마음도 생긴다.

하지만 지금 할 수 있는 건 자기 마인드 컨트롤이 전부다. 나는 너무 슬퍼하지 말라는 말밖에 해줄 수 없다.

4년~5년 공부했지만 합격 커트라인이 아니라 평균 80점도 넘어본 적 없는 학생도 있다. 그런 데에 비하면 소수점 차이로 떨어졌다는 것은 본인이 합격할 수 있다는 가능성을 확인한 거다. 억울하지만 한편으로 생각하면 지금 당장 시험 치면 합격한 애들 싹 걷어내고 본인이 수석 합격인 거다.

지금 아깝게 떨어졌지만 내년에 수석 합격하라고 댓글을 달았다. 너는 충분히 가능하다고. 불행이 행복이 되는 것은 간단하다. '발상의 전환', 즉 내 생각을 바꾸면 세상이 다르게 보인다.

"패러다임 시프트!"

발상을 전환하라. 불합격한 분들께 깊은 위로의 말씀을 드린다. 시험의 중대성이나 절박함은 응시생 개인의 나이, 가정 형편, 여러 여건에 따라 다르겠지만, 불합격한 분들의 경우, 특히 기대가 컸거나 절박함이 컸던 분들이 피부로 느끼는 충격과 실망감과 상처는 주변에서 쉽게 짐작할 수 없을 만큼 크다는 것을 안다.

경쟁률을 감안할 때 합격의 기쁨을 누리는 소수가 있는 반면에 불합격의 고통을 당하는 분들이 월등히 많다. 함부로 위로의 말이나 동정의 말을 꺼낼 수도 없다. 그것은 가식이나 위선이라 생각되기 때문이다.

오늘 일은 힘들겠지만 그래도 받아들이자. 오늘의 실패한 결과에 대해서 향후 내가 무엇을 할 것인가, 지금부터 어떤 마음과 어떤 각오를 가지고 어떤 방향으로 가야만 하는가는 각자 판단할 몫이고 또 각자가 이겨내야만 하는 일이다. 나름 여러 번의 실패와 여러 번의 고통을 겪어보고, 그로 인해 바닥까지 내려가보기도 한 개인 인생 경험에 의하면 지금부터가 가장 중요하다.

'가난해져 보면 착한 아내가 생각나고,
나라가 어려워져 보면 충신을 알게 되고,
세찬 바람이 불어오면 강한 풀을 알 수 있다.'

오늘 실패를 어떻게 받아들일 것인가에 대한 판단은 위에서 말씀드린 대로 각자의 몫이다. 다만 내가 할 수 있는 말은, 내 인생은 남들을 위한 것이 아니므로 비록 오늘 낙방하여 바닥에 떨어졌더라도 절대로 스스로를 비하하지 말라는 것이다.

내 인생이 힘든 진짜 이유 ──────

인간은 나약하기 이를 데 없는 존재이다. 누구나 나약하고 못난 존재라는 것을 전제하고 나만 떨어지거나 나만 실패한 것이 아니란 것을 기억해야만 한다. 한 치 앞을 모르는 것이 우리 인생이다. 흔히들 성공의 반대말은 실패가 아니라 좌절과 포기라고 하지 않는가.

우리 주변에 성공한 사람의 삶을 둘러보라. 실패 없이 성공한 사람은 거의 없다. 그렇게 쉽게 성공을 얻었다면 그 성공의 가치는 작고 쉽게 날아갈 것이다.

그리고 절대로 자신을 타락시키지 말라는 말을 하고 싶다. 세상에서 가장 귀한 것이 바로 자기 자신이다. 나 역시 바닥까지 내려가보지 않았는가. 젊음이 있었기에 견딜 수 있었고 숨이 붙어 있는 한 나의 시간은 온다.

살다 보면 하늘이 노랗게 보이고 막다른 골목에 이르렀다는 생각이 들 때가 있는데, 어쩌면 오늘이 그런 순간인 사람도 있을 것이다. 낙방에 울고 있을 사람들에게 한 번 더 간곡히 말하고 싶은 것은, 억지로 너무 빨리 극복하려고 하지 말고 상처에 딱지가 떨어지고 아물듯이 고통의 시간을 묵묵히 견뎌주었으면 한다는 것이다.

합격한 사람들은 이제 나를 떠나가고 나를 더 이상 필요로 하지 않겠지만 나를 다시 찾고 다시 필요로 하는 사람들은 당연히 오늘 떨어진 여러분일 것이다. 그러니 당연히 나는 합격한 자의 편이 아니라 떨어진 여러분의 편이다. 그래서 떨어진 여러분을 위해서 이 글을 쓴다.

오늘이 너무나도 길게 느껴지겠지만 우리의 인생을 돌아보면 삶의 순간순간들, 다 스팟, 스팟, 스팟, 점점점의 연속일 건데 이번 일 또한 하나의 짧은 점으로 남게 될 것이다. 부디 좌절하지 말고, 비극적으로 생각하지도 마라. 그리고 절대로 자신을 놓지 마라. 정신과 몸이 망가지면 성공이 다가와도 맞을 수 없다. 우리는 모두 1조 원 이상의 가치를 가진 존재다. 다시 도전하고 발상을 전환하라.

13

그 후에
전하고 싶었던 이야기

동영상 강의를 수강하는 수험생분들 중에서 노량진으로 가끔 찾아오는 분들이 있다. 안 오셔도 되는데……. 나는 그저 강사이기 때문이다. 내 수업을 듣고 한국사 고득점으로 합격하면 그걸로 좋은 만남 아니겠나 생각한다. 학원 강사와 수강생과의 만남이니까. 학생들은 시험에 합격하기 위해서 한국사 고득점을 받아야 되고, 한국사 고득점 받기 위한 수단으로 전한길의 강의를 듣고 교재를 구입한다. 학생들의 목적은 시험 합격이다. 그래서 나는 그 목적에 충실하면 된다고 생각한다. 학생들이 합격하면 나는 합격생을 배

출해서 기쁘고, 학생들은 합격하는 데 전한길의 도움을 받았으니까 서로가 서로에게 선한 영향력을 주는 것이다.

군이 나를 찾아올 필요가 뭐 있나? 나는 너의 합격을 바랐고 네가 꿈을 이루었으면 되는 거지.

만남이 있으면 헤어짐이 있는 거다. 어떤 만남이더라도 어차피 헤어짐을 전제한다면 중요한 것은 "우리가 얼마나 오랫동안 함께했느냐보다 헤어진 뒤에 얼마나 좋은 만남으로 기억되는가"일 것이다. 힘든 시간을 버틴, 서로 감사해야 될 존재로서 좋은 기억으로 남으면 된다. 사람과의 만남에서 영원은 없다. 부부 간의 만남, 부모와 자식 간의 만남도 결국 이별을 하고 죽음으로 끝이 난다. 모든 만남이 참 길다면 길고, 짧다면 짧다.

다만 그럼에도 불구하고 이야기를 전할 자리가 생긴다면 이 말을 한번쯤 해주고 싶었다.

봉준호 감독이 「기생충」이라는 영화로 아카데미 작품상을 받을 때 했던 수상 소감 내용을 기억하는가. 어릴 적 영화를 배울 때, 여기 앉아 계시는 훌륭하고 위대한 감독분들 영화를 보면서 공부했었다고, 그래서 오늘 이 아카데미 작품상을 혼자 받는 게 참 과분하다고, 할 수만 있다면 텍사스 전기톱으로 트로피를 다섯 조각을 내서 다 같이 나누고 싶다고. 그러고 나서 존경하는 감독들을 호명하는데, 그 감독들이 일어나 기립 박수를 보낸다. 나는 그것보다 멋진 소감을 본 적이 없다.

봉준호 감독의 말을 빌려 나도 이렇게 말하고 싶다.

"오늘 하루, 다시 못 오는 24시간이 너무 귀합니다. 절대적인 시간은 바꿀 수 없지만 어떻게 이용하느냐에 따라 상대적으로 바뀔 수도 있겠지요. 하루 24시간을 다섯 조각으로 미분해서 하루를 한 달처럼 가장 알차고 후회되지 않는 날로 보내자고 늘 생각을 합니다. 저의 오늘 하루 중 가장 보람된 시간은 지금 이 강의를 하는 시간입니다. 이 강의는 제가 혼자 하는 것이 아닙니다. 여러분이 지금 강의를 봐주셔서 너무 고맙습니다.

*

만남은 영원하지 않지만…… 먼 훗날 우연히 노인이 된 전한길을 만나거든 덕분에 합격하여 이렇게 공직자가 되었다고, 지금 행복하게 잘살고 있다고 아는 척 해주시기를. 그래서 자판기 커피 한잔 뽑아 건네준다면 저는 더할 나위 없는 보람으로 생각하겠습니다."

인생독립 수업 4

강의 기준
(순수뽕. 행복한 미소
가르치려(X) 친구)

Ⅱ. 사랑 --- 꾸짖지(X). 화내지(X)
타. 후: 객관영화으로 자 음악감으로 후게

Ⅲ. 겸손 ... 투쟁심배려(X)
↳ 이미 승부는 났다
Authority 없어서약처
↳ 나. 놓줄래

Ⅳ. 친절한 까칠식
... 히틀러면서 (X)

Ⅴ. 또박꼿빡 · 캔복 마무리

Ⅵ. 감사 ① 쩝 Best seller
② 할것 많이 해취에 갔지
③ 맞아주세요 ↳ 응가훈근
갈라~   광고

"사람을 사랑할 때에는 늘 이별을 생각하며,

이별할 때에는 그 사람을 사랑했음을 기억하며 이별하라."

- 톨스토이(Leo Tolstoy)

2부

핑계 대지 마라 난신적자들아!

#도전
#자신감
#긍정
#성공과 실패

"숨이 붙어 있는 한, 네 시간은 온다."

콧구멍에 손 넣으니 숨 쉬고 있죠?
목 만져보니 목 붙어 있죠?
살아 있으면 기회는 옵니다.

너무 기죽지 마라.
니 가진 거 많다!

14

권위는
자신을 낮출 때 나온다

촌철살인(寸鐵殺人)이라는 말이 있다. 사람의 말 한마디는 사람을 살리기도 하고 죽이기도 한다는 뜻이다.

초등학생 때 담임 선생님이 칠판에 이렇게 썼다. '9주 5소경' 처음 보는 말이 신기해서 용감하게 "선생님 9주 5소경이 뭐예요?" 질문을 했다. 그때 선생님이 "야, 이 새끼야, 모르니까 배우지" 그때 그 말을 듣고 얼마나 충격을 받았는지 모른다. 그 뒤 나는 절대로 누구한테 상처 주는 말을 하면 안 되겠다고 생각했다.

"야, 너는 어떻게 이렇게 생겼냐?" 고등학교 때 국어 선생님이 했던 말이다. "어떡하겠습니까?" 하고 넘어갔지만, 몽둥이를 손바닥에 탁탁 퉁기며 내 면전에 대놓고 했던 그 말은 이미 40년 가까이 지났는데도 아직도 트라우마로 남아 있다.

특히 선생이나 리더나 공무원 자리에 앉아서는 상대방에게 절대 인격을 모독하는 말을 해서는 안 된다. 외모 비하라든가, 집안을 들먹인다든가. 말은 칼보다 더 깊은 상처를 남긴다.

경산 깡촌의 지지리도 못사는 집, 그 당시 새마을 운동 때문에 기와집이 많았는데 유일하게 상철이 집하고 우리 집은 진짜 가난한 초가집이었다. 초등학교 4학년 때 나의 담임 정숙희 선생님이 마을을 돌아다니며 가정 방문을 했는데, 내가 좋아하는 선생님이 가정 방문을 하니까 쪽팔려서, 가난한 집을 보여주고 싶지 않아 도망가버렸다. 다음 날 수업 끝나고 선생님이 나를 불렀고, 나는 심부름 갔다 왔다며 시치미를 뗐었다.

"한길아, 가난은 부끄러운 게 아니야. 스스로가 그렇게 생각하면서 도망치지 마라" 선생님은 이렇게 이야기해주셨다. 선생님도 청송에서 가난하고 힘들게 자랐지만 지금 이렇게 선생님을 하고 있지 않느냐고, 너는 성격도 좋고 밝은 아이니, 훌륭한 사람이 될 거라며 등을 한번 안아줬다. "절대 기죽지 말고, 알았지?" 지금도 나는 그때 그 온기가 떠오른다. 바로 그게 진정한 선생님이다. 그렇

2부 ———

게 선생님이 좋아서 공부를 시작했다. 선생님 덕분에 역사와 지리에 관심을 가지게 되었고, 5학년에 올라가서 부반장도 되고 6학년 때는 우등상도 받았다. 역사를 가르치는 것을 업으로 삼고 있으니 선생님의 말 한마디가 내 인생을 바꾼 셈이다.

나를 낮추고 상대방을 존중하자. 'Authority'라는 것은 '권위'라는 뜻인데 이 권위는 자기가 잘났다고 나오는 게 아니라 자기 자신을 낮출 때 나온다. 자신을 낮출 때 상대방을 이해할 수 있게 되는데, 여기서 나온 영어 단어가 understand다. '낮은 곳' under, '선다' stand의 합성어로 그것이 바로 이해, 상대방의 눈높이, 존중하는 자세, 이 모든 것을 아우르는 진짜 진리다. 누구를 만나든 귀하게 여기고 "당신을 세상에서 가장 존경합니다" 이런 마음가짐으로 대한다면 무조건 행복해질 수밖에 없다. 공직에 가더라도 나를 낮출 때 권위가 나온다는 것을 꼭 기억해주면 좋겠다. 9주 5소경, 진짜 나쁜 놈.

핑계 대지 마라 난신적자들아!

"말" 이란?

말해서 자·남 들이 되고

(3)이되고 수혜되는 만은

해야 되지만

상처가 되고 선한 영향을

주지 않는다면

말하지 않는 것이 낫다

인간은 말 한마디로 파괴될 수 있고, 또한 구원될 수도 있다.

15

작심 3일이면
3일마다 작심하라

고 3 때 3월 첫 모의고사를 쳤다. 우리 집은 가난해서 국립대인 서울대에 가거나 경북대에 가거나 둘 중에 하나였다. 그 당시 3월 모의고사 성적이 서울대는 도저히 못 가게 생겨서, 자취방에 오는 길에 도화지를 사서 마음을 다잡는 혈서를 쓰기로 했다. 현실은 텔레비전에서 보는 거랑 다르더라. 저녁 먹고 난 뒤부터 손가락을 물어뜯기 시작했는데 결국은 밤 12시, 새벽 1시 넘게까지 피는 안 나고 손가락이 퉁퉁 부어 벌겋게 되었다.

하지만 종이를 펼쳐놓았으니 쓰기는 써야 될 거 아닌가? 그래서 결국은 칼을 들었다. 연필 깎는 문구용 작은 칼이었지만 그것도 얼마나 무서웠는지 손가락 근처에서만 머뭇거리다가 '에이 모르겠다' 하고 한 번 그었는데 너무 많이 찢어져 지금도 흉터가 있다.

그 비장한 마음을 담아 작성한 혈서 내용이 뭐였을까?

'오늘부로 잠은 네 시간만 잔다. 꿈을 이룰 때까지 목표한 대로 공부하겠다.'

그랬는데 일주일 정도 지나니까 그 혈서 쓴 걸 보고도 잠이 들었다. 아직 어린 고3 때니까 나 자신한테 어찌나 화가 나고 실망했는지 그 길로 바로 혈서를 떼어냈다. 혈서도 못 써, 약속도 못 지켜, 내가 이렇게 나약한 존재였단 말인가? 그러고 나서 고3 생활을 포기했다. 굳이 그럴 필요는 없었는데 철없던 사춘기의 반항이었던 것 같다.

당시 부모님은 시골에 계시고 자취방에서 고등학교를 다녔는데, 광식이, 용원이, 만근이…… 그 친구들 세 명은 애들은 착한데 공부를 참 안 했다. 하필이면 자취방 옆에 하천이 있었더랬다. 하천에 나가서 막걸리 마시고 기타 치고, 그리고 또 그때 당구를 배운다. 그렇게 해서 대학 갔겠는가?

여러분한테 드리고 싶은 메시지는 딱 하나다. "자기 자신한테 실망하지 마라"는 것이다. 모든 인간은 나약한 존재다. 나 역시 책도 내고 수많은 사람들 앞에서 마이크를 들고 강의도 하고 덕분에 명성도 얻게 되었지만, 여전히 내가 나약한 존재라는 것을 안다. 그러나 실망하지는 않는다. 지눌 스님이 이야기했지 않나. "돈오점수, 정혜쌍수" 깨닫고 노력하고 또 결심하고 작심 3일, 또 노력하고 또 작심 3일, 노력하고 돈오(깨닫고)하고 점수(노력)하고 돈오하고 점수하고 깨닫고 실천하면서 끊임없이 자기 자신을 업그레이드 해가면 되는 거다. 절대 스스로에게 실망하지 말자.

16   아버지께서 우셨다

나는 대학 갈 생각도 안 하고 시골에서 농사를 지으려고 했다. 집안이 가난해서 등록금 마련을 못 할 줄 알았다. 그래서 고3 때도 놀고, 수능시험도 치는 둥 마는 둥 보고, 고향에 내려가 부모님의 농사일을 도왔다. 그런데 어느날 결혼식에 갔던 아버지께서 기가 푹 죽어서 일찍 오셨다. 그 시골 마을에서 우리 동기들이 다 대학에 붙었다는 소식을 들으신 거다. 나는 소죽을 끓이고 있었는데 안방으로 올라와보라고 하시더니 종이 뭉치를 꺼내 보여주셨다. 돌돌 말려 있는 걸 풀어보았더니 돈이 그득했다. 아버지는 "너 대학

보내려고 이렇게 등록금을 준비해놨는데 너는 아버지한테 이럴 수가 있느냐!"고 한마디 하시고는 그냥 울기만 하셨다. 그것이 내가 본 아버지의 처음이자 마지막 눈물이었다. 아버지께서 우신다는 것은 굉장히 큰 충격이었다.

그때 아차 싶었다. 이것은 무조건 내 잘못이다. 이것은 불효이고 나는 이래서는 안 된다는 것을 처절하게 깨달았던 것 같다.

"아버지 잘못했습니다. 한 번만 기회를 주십시오"그날이 2월 마지막 날이었고, 그다음 날이 3.1절이라 공휴일이었다. 신학기를 시작하기 전이었다. 양잠 때문에 키우던 뽕나무를 베어내고 심은 복숭아나무 가지치기를 도와드리던 때였는데 그다음 날 바로 짐을 싸서 시내에 있는 자취방으로 나왔다. 친구들도 안 만났다. 학원도 안 다니고 혼자 독하게 했던 것 같다. 공부에 미쳤던 시기였다. 1년간 집에도 한 번 안 들어갔다. 쪽팔리기도 하고.

재수할 때 할 수 있는 효도는 하나밖에 없다. 아버지, 어머니가 원하는 대학에 합격하는 것. 그 당시는 선 지원 후 시험이었다. 나머지는 거의 다 만점에 가까웠는데 수학의 벽을 넘지 못하고 국립대인 경북대를 갔다. 수학은 절대 하지 않는, 내가 좋아하고 잘하는 지리학과에 우수한 성적으로 합격하고 부모님께 합격증을 가져다드렸다. 합격 후 1년은 또 미친 듯이 놀기만 했던 것 같다.

노량진 수산 시장에 새벽 3시만 되면 경매가 시작된다. 겨울에는 영하 17도까지도 내려가는 환경에서 횟감 만지느라 얼음 속에 손을 넣고 계신다. 신길역에서는 아침 6시가 되면 인력 시장이 열린다. 승합차 같은 것을 몰고 와서 사람들을 데려간다. 마지막까지도 가지 못한 사람은 그날 하루 공치는 거다. 추위에 노출되고 더위도 피하지 못하는 곳에서 일하시는 분들도 진짜 많지 않은가? 건축 현장에서 36도, 40도까지 올라가도 그대로 일할 수밖에 없지 않은가?

나만 힘들다고 생각하지 말고 따뜻한 실내에서 공부하는 것, 시원한 에어컨 밑에서 공부하는 것, 이것을 감사해라. 오늘도 힘들게 일하시는 부모님을 떠올려라. 생각을 바꿔 나는 젊잖아, 이게 뭘 힘들어 하면서 마음을 다잡았으면 좋겠다.

17

인생에서 100일은
없다고 생각하라

100일은 인생에서 없다고 생각해라. 인생에 100일을 저축해놨다가 시험 치고 난 뒤에, 합격한 뒤에 되찾아서 하고 싶었던 것들, 영화 보고 싶고, 놀러 가고 싶고, 여행하고 싶었던 것들을 다 하자. 이게 내가 재수할 때 했던 생각이다.

고3 때 나는 대학을 가야 한다는 생각도 없었고, 공부도 안 했다. 대학에 안 가고 시골 가 있다가 우리 아버지께서 등록금 마련해놓고 우시는 것 보고 충격 받아서 나왔다고 했잖은가. 그 재수할 때는 집에 1년간 안 들어갔다. 그동안엔 친구 다 끊고 그냥 1인 1실 고

핑계 대지 마라 난신적자들아!   ————

시원에 처박혀서 공부만 했다. 모의고사도 1년간 한 번도 안 쳤다. 자가 진단 해보면 안다. 단원마다 문제 평가가 있는데 다 풀리면 되는 거다. 그렇게 혼자 독하게 했다.

점심 저녁에는 만둣국만 먹었다. 소화가 잘되니까. 만둣국만 먹으며 미친 듯이 공부했더니 수학을 제외하곤 모든 과목에서 거의 100점이 나오더라.

스무 살, 재수할 때 1년간 들어앉아 있으면서 그때 쌓여 있는 게 얼마나 많았겠나? 여행 가고 싶고, 친구 만나고 싶고. 그래서 합격증 받아서 부모님께 드리고는, 저축해놓았던 나의 시간을 정말 미친 듯이 즐겼던 것 같다. 어느 정도냐면 대학교 1학년 때 3과목이 F학점, 제일 잘 맞은 과목이 C 마이너스였다. 그리고 나는 학사경고를 받았다. 40명 중에서 37등을 했는데, 알고 보니까 3명은 휴학을 한 거였다.

대학교 1학년 때 놀았던 것에 대해서는 절대 후회하지 않는다. 하고 싶은 걸 다 했다는 생각이 들기도 한다. 대신 고생은 좀 했다. 학사경고 받고 난 뒤에 F학점 나왔던 과목을 재이수해야 됐다. 군대 갔다 와서 방학 때 다른 공부는 못하고 계속 재이수만 했다.

남은 기간 100일은 내 인생에 없다고 생각하고, 그걸 저축해놨다가 부모님께 합격증 딱 드리자. 합격한 다음에는 마음껏 누리고,

그때는 마음껏 자유함을 누려라. 연애도 하고, 여행도 다니고, 영화도 보고, 마음껏 누려도 되지 않겠나. 왜냐하면 이제 다시는 시험이라는 부담스러운 일은 평생 없을 거니까.

그때 내가 그랬다. 내 마음대로 하겠다고. 술도 마시고, 친구 만나고, 학사경고 받고. 아예 1번부터 10번까지 10문항 다 똑같은 답을 쓰고 나온 답안지도 있다. 후배가 같은 과목을 들었는데 200명 가까이 들어오는 교양 강좌에서 내가 제일 잘하는 줄 알았다고 했다. 시험지 받자마자 5분 만에 답안지 딱 내고 나오니까. 아마 교수도 황당했을 거다. "이 새끼 뭐야? 1번부터 10번까지 다 똑같이 쓰고" 교수님 죄송합니다.

그 후 군대에 가서는 미친 듯이 해서 말뚝 박으라는 소리도 듣고, 복학해서는 맨날 놀던 선배가 갑자기 저리 변할 수 있나? 과에 소문이 날 만큼 학업에 열중했다. 내 인생이 미친놈처럼 극단적이었다.

나는 전체 몇백 명 강사 중에 EBS 국사 강의평가 1등을 했다. 『에브라임』 출판도 1등을 했다. 노량진에 왔을 때도 일타강사가 됐고. 여러분 지금 공부한다고 얼마나 힘들겠나? 중요한 것은 "먼저 자신을 감동시켜야 된다"는 것이다. 나도 나한테 감동했다. 다시 하라면 그렇게 공부 못 한다.

18

다 퍼주고
결국 실패한 이야기

학원 강사 생활을 하다가 직접 큰 학원을 경영하게 되었을 때 우리 형과 누나가 그렇게 반대를 했다. 너는 안 된다고, 다 퍼주고 결국은 망할 거라는 거였다.

그리고 몇 년 만에 그 말은 현실이 되었다. 나 자신을 그제서야 좀 깨달은 것 같다. 내 성격이 경영엔 좀 맞지 않는구나. 경영에는 기브 앤드 테이크, 주고받는 게 있어야 하고, 사실은 받는 게 더 많아야 수익이 생기는데 그것은 내 스타일이 아니었다. 학원 사업이나 출판 사업에는 자질이 부족했던 것 같다.

그 당시 내가 근무하던 학원을 인수했는데, 직원하고 강사가 100여 명 정도 되는 큰 학원이었다. 강사의 입장에서는 몰랐는데, 월급표를 쭉 보니까 직원들 연봉이 너무 적었다. 이걸 받고 어떻게 일했나 싶어 직원들 연봉을 올리고, 강사들 시간당 페이를 두 배 올려줬다. 전한길 이사장 너무 좋으신 분이라고 소문이 났다. 그러고 나서 3년 만에 망했다.

어떤 경영자가 좋은 경영자일까? 내 앞에 이사장은 30년간 그 학원을 운영했다. 급여를 많이 주지는 않았지만 30년간 학원을 유지해왔고, 나는 급여는 많이 주었지만 3년 만에 말아먹었다. 자평하자면 최악의 경영자였다. 그즈음 EBS 강의를 하다가 메가스터디로 옮겨 가며 평생 얻어먹을 욕을 다 얻어먹은 것 같다.

그때는 유신학원에 자금이 필요했다. 내가 EBS에서 인기는 많았지만 학원에는 학생들이 오지 않았다. 2004년도에 교육부에서 수능 시험의 70%를 EBS 방송에서 내겠다고 했더니, 학생들이 EBS 방송과 EBS 교재만 보려고 했다. 첫 해에 학생들 모집에 실패했고, 학원 규모는 너무 컸고, 강사하고 직원의 급여는 많이 올려드렸고, 그래서 결국은 적자가 너무 많이 났다. 생에 처음으로 구입한 새 아파트는 입주도 못 해보고 날아가버리고, 다 팔고도 돈이 부족해 메가스터디에 찾아갔다.

그 많은 스카우트 제의들을 참 멋지게 거절했었는데 돈이 아쉬워서 거꾸로 찾아가게 되더라. 학생들 입장에서는 무료로 강의 듣다가 유료 강의를 들어야 되니까 '돈한길'이라며 나를 무척 원망했다. 그때 학생들한테 정말 미안했다.

학원에 있는 100여 명 직원들과 그 직원들의 4인 가족을 가정하면 400명을 먹여 살려야 했다. 내가 욕을 먹는 것은 괜찮았다. 그러나 '내가 학원을 접으면 다들 한 집안의 가장들일 텐데 어떡하나' 하는 걱정은 굉장히 날 괴롭게 했다.

나는 경영하는 사람들을 참으로 존경한다. 내가 못하는 일을 잘 하시는 분들이니까. 그게 구멍가게든 작은 식당이든 쉽지가 않다. 몇몇 사람들은 늘 적대적으로 경영자와 근로자의 갈등을 부추기려고 한다. 그런 의식을 가진 사람은 경영 못 한다. 근로자가 없으면 경영자가 있을 수 없고 경영자가 없으면 근로자가 있을 수 없다. 서로가 서로를 위해서 존재하니까. 이렇게 서로 존중하고 챙기는 문화가 필요한데, 이 사회에는 꼭 갈등을 부추기는 조직이나 단체들이 있다. 어쨌든 좋은 문화 만들면서, 열심히 경영하시는 분들 보면 존경심이 생긴다. 실제로 경영 실패를 통해서 얻은 교훈이다.

수업료를 너무 비싸게 냈다. 한 10년은 또 다 날아갔으니까. 월세 생활에 신용불량 생활에 아주 바닥 생활을 또 했지 않은가? 그러다가 다행히 내가 잘할 수 있는 일을 찾았다. 학생들 수강료 낸 거 아깝지 않도록 항상 몇 배를 내가 돌려주겠다 생각하면서 더 많이 더 열심히 더 열정적으로 수업한다. 내 성격하고도 딱 맞아떨어진다. 퍼주는 자. 많이 주면 이걸 무조건 학생들이 알아준다. 나한테 딴 게 있나? 진짜진짜 열심히 강의만 했다. 학생들이 알아준 거다. 열심히 가르쳐 주었더니 학생들이 후배도 추천하고 그러더라. 아낌없이 주면 되는 강의를 통해서 다시 일어설 수 있었다. 경영하고는 다르더라.

돈이 인생의 전부
아니다.
돈 이외에도 소중한
것이 많다.
하지만 작은 것을
얻는데 돈이 들어간다.

"돈은 끔찍한 주인이지만 훌륭한 하인이다."

—P. T. 바넘(Barnum)

19

25억 빚더미에도
파산신청 안 한 이유

원래 사람이 돈이 없고 궁해지면 자존심이고 몸이고 다 버리게 된다. 나도 워낙 그런 일을 많이 당해봤다. 학원과 출판 사업 부도 막으려고 뛰어다니고 빚 갚는다고 드라마에나 나올 법한 일들도 많이 해봤다. 돈 구하러 다닐 때 참 힘들었다. 빚쟁이들 찾아오면 그것도 쉽지 않고 왜 많은 사람들이 이런 상황에 몰리면 극단적인 생각들을 하는지 알 것도 같았다. 하루 이틀도 아니고 신용불량 생활을 거의 10년 가까이 했으니까. 솔직히 지금 다시 그때로 돌아가라 하면 끔찍하다. 젊음 하나로 버틸 수 있었던 것 같다.

'숨이 붙어 있으면
내 시간이 오겠지.'

콧구멍에 손가락을 넣어보니 숨이 들어가고 나오고 있네. 나 살아 있네. 목도 만져보고 목이 붙어 있네. 그러면서 '살아 있으면 기회가 오겠지'라고 생각했다. 10년 전이니까 아직은 30대 후반이었거든. 젊었으니까 가능성이 있다고 믿었다.

내가 바닥에 떨어졌을 때 나의 초등학교 4학년 담임 선생님, 존경하는 정숙희 선생님한테 "선생님, 저 실패했습니다" 하니까 하시는 말이 "잘 견뎌내야 된다. 세상에 어떤 어려움도 10년을 넘기는 건 없다고 하더라. 잘 견딜 수 있겠지? 나는 네가 잘 견뎌내리라 믿는다" 하셨다. 그때 그 멘트 그대로다. 그래서 한번 견뎌보자 생각했다.

당시에 애들이 어렸는데, 아빠가 바닥에 떨어져 빚쟁이들이 찾아오기에 나 혼자 지하 사무실로 옮겼다. 빚쟁이들이 집으로 찾아오면 애들 보는데 민망하니까. 법원에서도 뭐가 많이 날아오고 하는데 아내도 공무원이니까 자꾸 상처 주는 것 같아서 바깥에서 많이 울었다. 한 가정의 가장이 돼서 아내 보는데 또 애들 보는데 아버지가 와서 울고 또는 힘들어하는 모습 보이면 고통이 더 배가 되니까. 고통은 나 하나로 족하지 생각하며 이 악물고 견뎠다. 가장으로서 감당해야 할 무게라고 생각했다.

그때는 파산 조건도 당연히 됐다. 빚이 25억 되니까 법인도 아니고. 개인 빚이 그 정도면 파산할 수 있다. 파산해버리고 나면 돈 안 갚아도 면책이 된다. 그런데 내가 우리 형제들한테도 전부 빚을 졌다. 형님 아파트 담보 있고 큰누나도 빌라 담보, 그리고 우리 작은 누나한테 돈 1억 7천 빌리고, 여동생 집도 다 날아가고 나 때문에 다들 힘들었다. 일제강점기 때 독립운동 하신 분들도 본인은 아무리 고문해도 발설을 안 하는데 가족을 데리고 오면 견디기가 어렵다. 나 하나는 견딜 수 있는데 내 사랑하는 가족들이 고통당하는 건 내가 겪는 고통보다 몇 배가 더 괴롭다. 내가 파산하면 형제들에게도 고통이 가중될 수 있으니까 차마 놓을 수 없었다.

빚쟁이들이 찾아오면 정직하게 이야기했다. "나는 다 갚을 것이다. 대신 너무 심하게 괴롭히지는 말아달라. 나를 살려놔야 돈 받아 갈 거 아니냐. 나는 파산하지 않을 것이다" 그리고 약속대로 조금씩조금씩 버는 대로 다 갚아 나갔다.

2011년도에 노량진에 올라왔고 2012년도에 학원 옮길 때 계약금을 1억이나 받았는데 이틀 만에 다 사라질 만큼 버는 족족 다 빚 갚았다. 2014년부터 일타강사 되어서 돈 많이 벌었다. 소득의 거의 절반 가까이가 세금으로 나가니까 25억 빚을 갚으려면 50억을

벌어야 했다. 집 사고 차도 바꾸더라도 빚 갚고 난 뒤에 해야 하는
게 사람의 도리가 아니겠나 싶어서 빚 다 갚고 나서 집 사고, 스스
로 떳떳할 수 있도록 하였다. 그렇게 빚 갚고 있으니까 전부 나보
고 고맙다고 그랬다. 못 받을 줄 알았는데 받게 되니까. 조정해 준
금액도 많다. 내가 잘났다기보다는 운이 좋았다. 최선을 다했기에
운도 따라준 것 같다.

20

기죽지 마라, 청춘은 가진 것이 많다

일을 당해보면 성숙해진다. 어떤 일을 당하고 나면 "왜 나만 운이 없지? 왜 나에게만 이런 일이 닥치지? 왜 우리 집에만 이런 일이 발생하지?"라고 신세를 한탄하거나 자신을 탓하는 사람이 있다. 하지만 그것이 잘된 일인지 잘못된 일인지는 시간이 지나봐야만 알 수 있다. 예상치 못한 일이 벌어지면 눈앞이 캄캄해지고 머리가 하얗게 된다. 나도 여러 번 겪어봤기 때문에 안다. 하지만 그걸 잘 견뎌내야 한다. "아! 그냥 죽어버리자"해서 끝났다 치면 지금의 나는 없을 것이다. 내가 여러분을 만날 수 있다는 건 그 시간을 견

핑계 대지 마라 난신적자들아!

여냈다는 방증이다.

지난주에는 아버님 모시고 병원 갔다 왔다는 글이 카페에 올라왔다. 그럴 때 보면 하늘이 진짜 무너져 내릴 것 같다. 나는 늘 여러분이 시험 칠 때까지, 아니 인생사 전체에 비극이 없길 기원한다. 항상 본인이 뜻하지 않은 일은 발생하지 말아달라 간절히 바란다. 하지만 사람 인생사가 다 그렇지는 않다는 것을 우리는 안다. 내 뜻대로 되는 것보다는 안 되는 게 더 많다. 본인만 그런 게 아니라 다른 사람도 다 그렇다. 세상에는 성공하는 사람보다 실패하는 사람이 훨씬 많다.

날 보면 부러운가? 막말로 내가 인기도 있고, 돈도 많이 벌고, 존경해주는 학생들도 있으니까 부럽다는 글들도 종종 눈에 띈다. 그런데 거꾸로 한번 생각해보라. 내 나이가 벌써 50이 넘었다. 머리도 희끗희끗 세었다. 어제 내 친구는 폐암 선고 받았다. 우리 나이되면 안 좋은 일만 계속 일어나는 거다. 자동차도 오래되면 예기치않은 곳에서 고장이 턱턱 나듯이 사람도 마찬가지다. 반면에 여러분에게는 즐거움을 만끽할 시간이 아직 많이 남아 있다. 여러분 중에 나보다 나이 많은 사람은 몇 없으니까.

나도 여러분 시절로 돌아가 공무원 합격해서 아반떼 딱 몰고 우리나라 지도 보고 동해안에도 가보고 서해안에도 가보고 바다도 여름 바다, 가을 바다, 겨울 바다 다 둘러보고 싶다. 제주도도 너무 너무 좋고 울릉도도 굉장히 좋다.

부러운 전한길한테는 앞으로 안 좋은 일만 다섯 가지가 남았다. 모든 것에는 다 때가 있으니 어쩌면 당연한 일이다. 전한길의 인기는 내려가기 시작할 것이다. 언제까지 1등을 할 수는 없으니까. 그리고 나이도 더 들어가니까 건강도 더 안 좋아질 것이다. 소득도 점점 줄어들겠고. 그리고 아이들도 다 떠나가는 시기가 올 것이다. 우리 집사람과 둘이만 남게 될 거고 또 어느 순간 또 하나만 남게될 거고 그리고 마지막에 죽음이 있을 것이다.

반면에 청춘인 여러분에겐 좋은 일만 다섯 가지가 있을 것이다. 합격을 누리는 기쁨, 합격패 들고 아버지, 어머니가 기뻐하시는 모습을 바라만 보고 있어도 그게 효도고, 그게 행복이다. 그리고 사랑하는 사람들을 만날 기회도 많아지고 결혼이라는 축복이 있을 것이다. 또 자기를 닮은 아이를 낳았을 때는 세상 온 우주를 다 얻은 것 같은 기쁨을 느낄 수 있다. 정말 행복한 일들만 앞으로 계속 있을 것이다. 그런 날을 생각하면 오늘 하루도 마찬가지고 내일도 그렇고 이번 한 달도, 그리고 시험 치는 날까지 웃으면서 긍정적으로 공부할 수 있지 않겠는가.

"기죽지 마라, 청춘은 가진 것이 많다."

21 신이 우리에게 준 메시지

기출문제 풀이 수업 준비를 하면서 카페 게시글을 보는데 "어머니께 효도를 한 것 같습니다"라는 제목이던가 하는 글을 보고는 울컥했다. 남학생이 군대에 있는 동안에 아버지께서 돌아가시고 홀어머니 밑에서 공무원 공부를 하다가 이번에 합격해서 경기도 어디에 있는 아버지 산소 다녀오는 길이라는 글이었다. 오늘 날씨가 되게 추웠는데……. 아버지 산소 갔다 오는 길에 어머니께는 그래도 큰 효도를 한 것 같다는 내용이었다. 합격 발표 후 어머니께서 하염없이 우시더라고 했다. 아버님 생각도 나실 것이고, 그 기쁜 일을 함께하지 못하는 것에 원통하기도 하셨을 것이다. 수강 후기에 내 한국사 수업을 들으면서 중간중간 이런 쓴소리라든가, 인생에 도움 되는 이야기가 감동적이었고, 힘들 때 힘이 되었다는 내용이 올라왔는데 나도 그런 글을 읽고 나면 새삼 한 번 더 나에 대해서, 내 직업에 대해서, 직업 정신에 대해서 생각하게 되고 사명감도 한 번 더 다지게 된다.

 나도 인간이기 때문에 수업 오기 전에 자그마한 상처 주는 글 하나만 읽어도 기분이 팍 가라앉기도 하고, 이렇게 좋은 후기를 보면 기분이 좋아지기도 한다. 보다 더 나은 수업을 하는 게 강사로서의 내 목표 아니겠는가. 그래서 항상 지난 수업은 어땠는지 모니터를 하는데 가슴 벅찬 합격 수기를 보고 오늘 진도 나갈 단원도 중요한데 더욱 최선을 다해보자는 마음을 가지고 왔다.

 학생들이 내 의상에 관심도 없겠지만, 와이셔츠를 160벌 정도 가지고 있다. 넥타이도 한 200개가 넘는다. 내가 유일하게 돈을 투자하는 곳이다. 왜냐하면 이것은 나를 위한 것이 아니라 수험생을 위한 하나의 서비스라 생각하기 때문이다. 당연히 인물이 이병헌이나 톰 크루즈처럼 되게 잘생겼으면 매일매일 한 달 내내 같은 옷을 입고 나와도 지겹지 않겠지만 나는 옷이라도 늘 깔끔하게 바꿔 입자, 이런 마음으로 수업에 임한다.

사실 얼굴이 잘생기면 인기 얻는 데 참으로 도움이 많이 될 것이다. 강사 비주얼 보고 강의 선택하는 수험생들도 많으니까 말이다. 하지만 나는 이병헌과 반대로 생긴 얼굴에 대해서 성인이 되고 난 뒤에 한 번도 콤플렉스를 가진 적이 없다. 지방대 출신에, 역사도 대학원에 가서야 전공하고, 가난한 농부의 아들에, 알아듣기 힘든 사투리에……. 다른 강사보다 모자라고 부족한 것을 얼마든지 나열할 수 있겠지만, 객관적으로 부족한 것을 콤플렉스가 아니라 '두고 보자. 부족한 것들이 있음에도 불구하고, 극복하고 보란 듯이 성공한 최고의 강사가 되겠다!'라는 동기부여의 대상으로 삼고, 그것을 자부심으로 승화해나가고 있는 중이다. 내가 흔히 말하는 명문대 출신에 그럴듯한 외모를 가지고 학벌로 포장하거나 비주얼로 승부를 보거나 한다면, 합격에 최적화된 교재와 순수한 강의력으로 스타 강사 중에서도 1등이 되었다는 자부심과 성공의 감동은 오히려 많이 상쇄될 것이다.

한 번 더 얘기하지만, 스스로의 부족함을 콤플렉스라고 생각하는 것이 콤플렉스를 만들게 된다. 부족함이란 우리 인간 모두가 가진 것이며, 이는 각자에게 주어진 능력과 노력을 통해서 스스로 채워나가라는, 신이 우리에게 준 메시지이다.

부족함이 있기에 채우려는 노력을 하는 것이고, 노력을 통해서 발전도 있다. 나아가 보다 나은 삶을 위한 도전도 할 수 있으며, 그 도전의 결과물로 성공이란 것을 얻고 행복을 만끽할 수 있는 것 아니겠는가?

22

내가 일타강사가
될 수 있었던 이유

대구에서 수능 강의를 시작한 지 3년 만에 최다 수강생을 확보한 일타강사가 되었다. 1년 내내 전 타임 마감이라는 신기록을 세웠다. 또, 당시 지방 강사로서는 최초로 EBS 수능 방송 강사로 스카웃되었다. EBS 방송은 자체적으로 수강 만족도를 조사하여 상위 1위부터 10위까지 언론에 공개했는데, 내 강의는 국어, 영어, 수학 등 주요 과목의 쟁쟁한 강의를 누르고 전체 강의 만족도에서 압도적인 1위를 차지하였다. 그리고 그 뒤로 대구를 떠나 노량진으로 올라가서 공무원 한국사 강사로 전향한 뒤에 또다시 3년 만에 일타강사가 되었다.

　도대체 이유가 무엇이었을까? 부모 찬스, 학벌 찬스, 외모 찬스 등 학원 강사로서의 스펙이 타 강사들에 비해서 나은 것이 하나도 없었는데도 말이다.

　나에게는 남들이 모르는 남달리 특이한 점이 하나 있었다. 다른 강사와 발상 자체가 달랐다고 볼 수 있다. 즉, 수능 강사라면 수강생의 대입 합격만이 목표이고 공무원 강사라면 수강생 공무원시험 합격만이 목적이라고 생각하겠지만 전한길은 그렇지 않았다. 다시 한번 더 생각해보면 대입 합격과 공무원시험 합격은 목표는 맞지만, 목적은 아니다.

　입시를 치르는 것은 시험 통과 자체가 목적이 아니다. 대학을 가서 전공지식을 배우고 목표하는 곳에 취업해서 보다 행복하게 살기 위해서이다. 그 수단으로 대학을 가는 것이다. 공무원 시험을 치르는 것 역시 공무원이 되는 것 그 자체가 목적이 아니다. 공무원이 되어서 국가와 시민을 위해서 봉사하며 더욱 행복하게 살기 위해서이다. 이런 목적을 위해서 공무원이 되는 것이 아닌가?

　전한길은 수험생이 수능과 공무원시험에서 합격할 수 있는 점수를 따도록 하는 단기 목표는 당연하다고 여겼다. 그만큼 강의 역량에 대한 자신감이 있었고, 교재의 고품질에 대한 자신감도 있었다. 그러나 그것이 전부는 아니었다. 합격을 위한 점수 그 이상을 수업 시간에 전달하려 했다. 그것은 다름 아닌 합격 후에 행복하게 살기 위한 삶의 지혜, 인생 철학이었다. 쓴소리가 되더라도 수험생들이 합격 후 인생을 살아가는 데 도움이 되는 이야기들을 매시간 들려주려 했다. 이것이 수험생들을 공감하게 했고, 공감을 넘어 그들을 감동시켰다.

정반합의 변증법적인 원리에 의하면 '공부'란 것 역시 당연히 늘 잘 될 리가 없다. 그래서 집중력이 떨어지면 동기부여를 다시 해서 집중력을 높여주는 게 필수이다. 이럴 때 공부의 동기부여를 위한 쓴소리를 해주고, 그래서 다시 공부에 집중케 해주는 방법을 찾아낸 것이다. 고려 시대 지눌 스님 역시 "돈오점수, 정혜쌍수"를 설법하셨다. 즉, 깨닫고[돈오] 나서 실천[점수]하고, 깨닫고 나서 또 실천하고, 또 깨닫고 나서 실천하고 이런 반복의 원리를 강사로서 수험생에게 적용한 것이다.

자신의 아이들이 공부를 잘하길 원하는 부모님들이 알아야 할 게 있다. 맨날 "공부해라"고 압박하는 것은 그야말로 잔소리에 불과하다는 사실이다. 이것은 가장 효과가 없는 수준 낮은 가르침이다. 공부하라고 하기 전에 '왜 공부를 해야만 하는지?'를 먼저 일깨워주어야 한다. 이렇게 공부에 대한 동기부여와 자극을 주고, 이를 통해 아이들이 스스로 공부하도록 유도하는 것이 수준 높은 가르침이다.

앞으로 어느 분야에서든 일타강사를 꿈꾸는 예비 강사가 있다면 지금 내가 들려준 전한길의 일타강사 비법을 참고하길 바란다. 그리고 자녀가 공부를 잘하기 바라는 부모님도 이것을 참고하여 실천하기 바란다. 그러면 원하는 방향대로 이끌어지는 신기한 경험을 하게 될 것이다.

생각이 달라지면
습관이 달라지고
습관이 달라지면 행동이 달라지고
결과가 달라진다

어떤 결과를 얻고 싶은지 생각하는 것은 중요하지만,

그것을 이루기 위한 생각을 바꾸는 것이 더 중요하다.

23 침묵보다 무서운 저항은 없다

영화 「인생은 아름다워」에 그런 대사가 나온다. 침묵보다 무서운 저항은 없다고. 내가 운전하는데 옆에 사람이 뭐라고 하면 나는 안 싸운다. 내가 노량진을 걸어가다가 어떤 불량배들이 "야, 이리 와 봐. 아저씨 이리 와봐" 하면 "뭐야? 뭐야?" 하고 싸우나? 허허허 웃고 그냥 지나간다. 왜냐하면 나는 그런 인간과 싸우기엔 너무나 귀하기 때문이다. 속으로 그렇게 생각하면 된다. 자존감을 간직하고 자기 자신이 소중하다 생각하면 그렇게 섣불리 천박해지지 않도록 유지할 수 있다.

핑계 대지 마라 난신적자들아!

상대방이 화가 나서 분별없이 막 퍼부을 때 역으로 "얼마든지 화내세요" 해보라. 화를 낼 수 있겠는가? 그리고 한 발짝 더 나아간다면 항상 상대방을 불쌍히 여기고 사랑하자.

내가 좋아하는 단어 중에 하나가 바로 '자비(慈悲)'다. 부처님 하신 말씀이고, 성경에도 나온다. 부모님이 자식을 사랑하는 자애로 울 자(慈), 슬퍼할 비(悲) 자다. 불쌍히 여기고 사랑하는 것, 이것을 자비라고 한다. 인간에 대해 불쌍히 여기고 사랑하는 마음만큼 위대한 마음이 없을 것이다. 부부 간에도 친구 사이에도 필요한 마음이다.

나는 어릴 때 시골에서 싸우는 장면을 너무 많이 봐서 왜 저럴까를 항상 생각했다. 그래서 알게 된 싸움에서 이기는 원리가 있다.

"상대방이 송곳으로 찌를 때는 스펀지가 돼주면 된다."

놀라운 것은 송곳으로 찔러도 스펀지는 나중에 제자리로 돌아온다는 것이다. 그럼 누가 이겼느냐? 찔렀는데 아무 데도 상처 하나 나지 않은 스펀지가 결국 이긴 것이다. 그래서 늘 송곳으로 찔릴 때는 무조건 스펀지가 되어준다. 그래도 분한 마음이 남는다면 이 인간 내가 품어주지 않으면 누가 안아주겠나? 오죽 답답하면

저랬겠나? 하고 생각을 해보라. 용서가 되기도 하고 측은한 마음
도 든다. 그렇게 더불어 살아가는 것이고 결국에는 내가 이기는 길
이다.

"침묵보다 무서운 저항은 없다."

핑계 대지 마라 난신적자들아!

24

누워서 침 뱉지 말고
떳떳하게 삽시다

공무원이 됐는데도 너무 힘드니까 '공노비'라고 스스로 비하하는 사람들이 있다. 그렇게 폄하하지 않았으면 좋겠다. "선생님, 선생님이 좋아하는 가장 최고의 직업은 뭐죠?" 나보고 묻는다면 나는 강사다. 내 직업이니까. 늘 웃을 수 있고 긍정적으로 생각할 수 있고 자부심을 가질 수 있다. 스스로를 떳떳하게 생각할 때 본인이 업그레이드가 되는 것이지 스스로를 폄하하는 것은 누워서 침 뱉기와 다를 바 없다.

주변이 중요한 게 아니라 본인이 잘되는 게 제일 중요하다. 자부심을 가지고 공무원이 되어서도 자기 직업, 자기 직렬에 대해 '나의 직업과 직렬이 최고'라고 생각하는 게 본인이 떳떳하고 행복해지는 길이다. 무엇을 하더라도 일장일단이 있다. 옛말에 '물 좋고 정자 좋은 데 없다'고, 물이 좋으면 경치가 좋지 않고, 경치가 좋으면 물이 흐르지 않을 수 있다. 장단점이 있다면 장점을 생각하면 되는 거다. 비단 직업뿐만 아니라 사람에 대해서도 그렇다. 장점을 크게 보고 허물은 작게 보면 된다. 단점 없는 사람, 허물없는 사람이 어디 있겠는가.

긍정적으로 생각하면 사람이 그렇게 변한다.

"All is well."

인도 영화 「세 얼간이」에 나오는 말로, '힘들고 어려워도 모든 것은 잘될 것이다'라는 뜻이다. 밝고 긍정적인 사람들을 곁에 두어라. 나보다 더 열심히 하는 사람과 사귀어라. 그래야 함께 발전할 수 있는 것이다. 매사에 부정적이고 언제나 불만으로 투덜거리는 비관론자와는 멀리하라.

핑계 대지 마라 난신적자들아!

25 자존감은 어떻게 지켜요?

"자존감을 어떻게 지켜요?"라고 묻는 글이 있었다. 처음 공부할 때는 '와, 재밌다' 하면서 시작하는데, 한 번 두 번 아깝게 떨어지고 나면 미래에 대한 불안감도 쌓이고 자신감도 떨어질 수 있다. 특히나 자존감이 너무 많이 떨어진다. 경제력까지 약해지면 기가 죽어버린다. 친구 만나기도 싫고.

'될 수 있다'는 자기 확신을 늘 지녀라. 이 인식이 결국은 나의 존재를 바꾼다. 그리고 주변 시선에 휘둘리지 마라.

"야, 너 이번에 떨어지면 몇 년째야?" 제3자인 내가 볼 때는 하나도 중요하지 않다.

"1년 늦게 되고 2년 늦게 돼도
아무 상관없다."

합격하기만 하면 된다. 자가 진단해 보면 다섯 과목 도저히 진짜 안 되는 사람도 사실 있다. 그런 사람들은 너무 오래 지체하지 말고 빨리 다른 길로 가면 된다. 우리나라에 직업이 한두 갠가? 본인이 한 발만 담갔다 빼서 그렇지 진짜 뭔가 하나 미쳐서 한다면 성공할 수 있다. 우리 누나 친구의 아들은 대구 칠곡 농산물 시장에서 농산물 도매 장사로 떼돈을 벌었다. 젊음으로 무장한 여러분이 못 할 것은 세상에 없다.

26

재능을 따라가면
성공이 뒤따라올 것이다

자녀 교육에 대한 관심은 언제나 뜨겁다. 재능을 발견해주는 게 부모 역할이다. 그리고 아이가 잘하는 무엇인가를 발견했다면 칭찬해주어라. 부모님이 칭찬해주면 재밌거든. 재밌으면 더 잘하게 되고 더 잘하면 더 재미있게 된다. 잘하는 분야가 딱 한 가지여도 괜찮다. 하나만 잘해도 성공한다. 전한길은 아마 그중에 가장 표본이 될 거다.

내가 한국사 강사가 된 것은 초등학교 4학년 때 담임 선생님 정숙희 선생님 덕분이다. 선생님은 하루에 한 번, 열 문제씩 사회 쪽지 시험을 냈다. 나는 그 선생님을 좋아했다. 좋아하니까 따라 하고 싶고, 잘하고 싶어졌다. 그러다 보니 사회 과목이 너무 재미있어지더라.

그해 여름방학 동안에는 중학교에 다니던 우리 큰누나의 빳빳한 사회과 부도를 펼치고 세계 수도와 역사 연대표를 외웠다. 그렇게 5학년이 되고, 처음 부반장을 해보았다. 6학년 때는 다섯 명 받는 우등상 받으며 졸업하고, 중학교 때는 전교권에도 들었다. 중학교 2학년 때 사회 선생님께서는 더 이상 가르칠 게 없다며 하산하라 그러더라. 좋아해서 시작한 사회 과목이었는데 잘하게 되었고, 전공으로 선택하고, 나중에는 학생을 가르치는 사회탐구 강사가 되었다. 나는 극히 작은 분야, 역사 덕분에 전문가가 되고 그 분야의 정상에 서게 되었다.

"너의 재능을 따라가면 성공이 뒤따라올 것이다" 영화 「세 얼간이」에 나오는 주인공의 마지막 메시지다. 시험도 마찬가지다. 한국사 공부를 처음 시작할 때는 하라는 대로 그냥 끌려다니게 되지만 어느 수준에 이르고 나면 여러분이 이 한국사를 지배하게 될 것이다. 시험 다섯 과목 중에 한 과목이라도 잘 하게 되면 굉장히 자신감이 생기고, 확보해둔 점수가 생기니까 이내 다른 과목도 수월해진다.

한국사 100점? 그건 당연한 거고 재미있게 공부하고 합격해서도 삶을 행복하게 살아가자는 게 내 지론이다. "선생님, 갈 길이 바쁜데 100일도 안 남았고요?" 아직 급하지 않으니까 더 이상 다른 책 보지 말고 봤던 것을 반복해서 보며 범위를 줄여나가는 공부를 해라. 처음엔 낯선 개념도 두 번째 보면은 쉽다. 세 번째 보면 더 쉽거든? 그런데 많은 수험생들이 그 반복을 잘 안 하려고 그런다. 기억력의 한계를 극복하는 제일 좋은 방법은 반복이다. 반복. 전혀 와닿지 않는 듯한 표정을 짓는 사람들도 분명 있을 것이다. 따라 하는 사람은 합격이고 그렇지 않으면 14급, 15급 공무원 찾으러 가면 될 거고 내년에 또 오면 된다.

27   세금만 15억 낸 이야기

학교 다닐 때도 상장을 받아본 적이 별로 없는데 이번에 상을 받게 됐다. 국세청으로부터 모범 납세자상을 받았다. 아내는 "도대체 얼마나 많이 냈기에! 그런 거 주지 말고 세금이나 좀 줄여달라 하지!" 하며 투정 아닌 투정을 했지만. 국가에서 주는 상이라서 그런지 내 신분, 직책, 그리고 그동안 어떤 일을 해왔는지, 사회적으로 나쁜 짓을 한 게 있냐 없냐 그런 복잡한 조사를 거쳐 주는 상이라고 한다.

여러분 덕이다. 덕분에 돈을 벌고 작년에 세금을 한 15억 냈다.

올해도 똑같다. 나중에 세무직 공무원 될 사람들 보면 알겠지만 세율이 높구나 싶을 거다. 고소득자의 경우 소득의 50%가 세금이다. 개인적으로 정말 자랑스럽게 생각한다. 국민의 의무인 납세의 의무를 준수해 세금을 반듯하게 냈다는 뜻 아닌가. 내가 어릴 때는 연예인들 세금 누가 많이 내느냐 하는 순위를 공개했다. 주로 고소득인 인기 연예인들이었는데 당시에도 정말 멋있다고 생각했다. '나도 나중에 돈 많이 벌어서 세금 많이 내고 싶다' 이런 마음이 들었는데 어쩌다 보니 꿈을 이룬 셈이 되었다.

사업 망하고, 나 하나 죽으면 괜찮을 것이라는 생각을 했던 시기도 있었다. 신께서 나를 이 땅에 보낼 때는 누군가에게 선한 영향력을 전하라고 이 땅에 보냈을 건데 이거 뭐냐? 주변 사람들한테 빚만 남기고 떠나라고 보냈나? '날 보낸 이유를 보여달라'고 기도를 한 적도 있었다. 그런데 나는 지금 모범 납세자상을 받는다.

내가 버틸 수 있었던 것 중에 아내 몫도 크다. 아내는 공무원인데 굉장히 긍정적으로 산다. 내가 많이 애를 먹였지만 그럼에도 꿋꿋하게 받아들였다. 그렇게 버틸 수 있었던 것은 성격 탓도 있지만 안정적인 직장이 있었기 때문에 가능했다고 생각한다. 그런 빚더미 속에서 매일매일 자신의 일터로 나가 묵묵히 일을 했다. 자신의 몫을 하면서 잠시나마 빚과 거리를 둘 수 있었던 것 같다. 아내는 자기 노후를 혼자 다 준비해놨다. 그런 것 때문인지 몰라도 항상 굉장히 긍정적이다.

당부하고 싶은 건 늘 긍정적인 마음을 잃지 말라는 거다. 힘든 시기에 '내 탓이오 내 탓이오' 하면 괴로워서 버티지 못한다. 때로는 신에게 모든 것을 맡긴 채 내려두고, 나를 지킬 수 있는 모든 방법을 찾아야 한다.

지금 우리나라 우울증 환자 수가 100만 명이 넘었고 우울증 발생률 36.8%로 OECD 국가 중 1위라고 한다. 꿈을 향해 도전하는 이 기간을 괴롭게 보내지 말자. 행복한 생활을 하려고 보내는 시간이다. 너무 힘들면 병원을 빨리 찾아가봐라. 정신과 병력이 혹시 채용이나 임용에 결격 사유가 되는 것이 아닌지 주저하고 있다면 전혀 그렇지 않으니 걱정하지 마라. 바로 내일 무슨 일이 일어날지 모르기 때문에 인생이 재미있는 거다. 저절로 행복이 이루어지는 방법은 세상에 없다.

28   인간은 배신하는 존재

쉽지가 않다. 혹시나 피아식별, 인간관계에 대해서 상처받고 배신 당하는 것을 경험하고 싶지 않거든 영화 「대부」를 보라. 아카데미 작품상까지 받았다. 수업 마치고 피곤한 몸으로 집에 가서도 잠이 안 올 때면 지금도 가끔 찾아본다. 명배우 알파치노가 나오는 나의 인생 영화다. 영화의 결론은 이거다.

"인간이란 배신하는 존재다."

조직폭력배나 정치나 경영이나 연인, 친구 관계 모두 똑같다. 물론 인간은 여러 면이 있지만 개인적으로 배신도 많이 당해보고 상처도 받아보고 난 뒤에 느낀 점은 인간이라는 존재는 "배신하는 존재"라는 거다. 지금 여러분 입장에서는 "선생님, 사람 믿고 살아야지 뭘 의심하고 배신하면 됩니까?" "쌤, 제 애인 너무너무 좋고요. 영원히 행복하게 만들 건데요?" 그래? 조금 더 있어봐라. 그렇게 믿었던 남친, 믿었던 여친한테 등에 칼 꽂히는 날이 머지않았다. 발등에 도끼로 찍혀봐야 전한길이 말이 맞구나. 그때 가서 깨닫게 될 거다. "선생님, 왜 그렇게 사람을 부정적으로 생각하죠?" 나는 겪어봤거든. 아직도 모르겠다면 무지하거나 아직 경험이 부족하거나 둘 중에 하나다. 인간은 끊임없이 배신하려고 한다. 친구, 연인도 마찬가지고 결혼한 뒤에 부부 관계도 마찬가지다. "쌤, 사모님하고도 맨날 의심하고 맨날 배신한다고 생각해요?" 당연하지! 그래서 배신하지 않도록 끊임없이 노력을 하고 관리를 해가는 거다. 서로가 서로를 관리하는 거다. 쉽게 말하면 알고도 넘어가는 관용이 필요하다. 뒤돌아보라. 모르는 사람한테 상처받지 않는다. 전부 다 가장 가까이 있는 사람, 가장 잘 아는 친구, 가장 사랑했던 사람으로부터 배신당하거나 상처받거나 하는 거다.

사업하기 전까지는 몰랐다 나도. 맨날 잘 믿고, 베풀고 했는데 바닥에 떨어지고 빚더미에 앉으니까 다 떠나가더라. 친구도 많이 잃었다. 진짜 나쁜 놈들. 평상시에는 드러나지 않다가 일을 당해 보니 피아식별이 되었다. 영화 「대부」의 스토리가 그거다. 누가 내 편인지 누가 적인지 안에 첩자가 있는지 조직 속에서 드러나지 않지만, 사건이 벌어지면 그놈이 회색분자였고, 이놈이 진정한 내 편이었고, 저놈은 적군이라는 게 서서히 드러난다. 조직 관리하는 데 필연적으로 알아야 될 게 이런 거다. 이 사람도 언젠가 배신할 수 있구나. 그걸 알면 항상 관리를 하라. 끊임없이 노력을 해야 되고, 상대에게 정성을 다해야 한다.

일본인들이 존경하는, 도쿠가와 이에야스의 책들도 보면 그가 늘 이야기했던 게 "꽃과 열매를 둘 다 주지는 마라"라는 것이다. 사람을 대할 때 꽃은 주되 열매는 주지 않는다, 둘 다 가지면 배신하니까. 인간 심리가 원래 그렇다. 하늘이 내려준 인간의 본능이다.

순수한 것과 순진한 것은 다르다. 알 거 다 알면서 선과 악이 있으면 선을 선택할 수 있고 정과 부정이 있으면 정의를 선택할 수 있는 것은 순수한 거다. 그러나 순진한 것은 무지한 거다. 알 걸 아는, 분별할 수 있는 사람이 되자. 명심해라.

"무지하면 한 방에 다 날아간다."

29

핑계 대지 마라 난신적자들아!

경제적으로 어려워지면 공부하기도 더 힘들어지는 건 당연하다. 공부하는 데 가장 중요한 조건이나 인생 살아가는 데 필요한 조건이나 똑같다. 수험이든 인생이든 간에 첫 번째는 건강이고 두 번째는 경제력이다.

그런데 이 두 가지 조건이 동시에 흔들린 시기가 있었다. 코로나 시국, 온 나라가 비상이었다. 어쨌든 여건이 힘들어진 건 사실이지만, 모두에게 똑같다는 것을 잊지 말아야 한다. 힘든 것이 누구나 똑같다면 그것 또한 객관적인 조건이 되는 거 아닐까? 그럼 이 속에서 누가 합격할까? 코로나로 시험이 연기되든 안 되든 간에 결국 시험은 치러진다.

일생일대의 목표가 시험으로 결정되는 것이고 이 시험에 합격하는 것이 수험생으로서는 궁극적 목표이고 가장 우선순위 아닐까? 많은 어려움이 있겠지만 그럼에도 불구하고 우리는 하던 공부를 해야만 된다. 이건 기회다.

이 말에 악플이 많이 달렸다. 아니 이렇게 다 어려운데 무슨 기회냐고? 우리 어머니와 형제들이 전부 대구, 경산에 산다. 말을 안 해서 그렇지 우리 어머니가 죽네 사네 하는 문제인데 남 챙기게 생겼나? 코로나로 형님도 집 밖에 못 나오고 그 당시에 얼마나 두려웠는지 모른다. 연로한 우리 어머니는 혼자 계시지, 형님이 형수가 싸준 반찬 갖다드리면서 아예 접촉도 못 하고 현관문 앞에 놓고 오고는 했다.

나는 강사고 내 수험생들 합격시키는 게 목표인데 다 어렵다 어렵다 한다고 나마저도 어렵다고 이야기하면 학생들은 어떡하겠는가? 힘든 시기지만 더 열심히 해달라는 뜻이었으나 오해를 살 여지를 남기지 않기 위해 영상을 다 내렸다.

하지만 지금도 똑같은 이야기를 하려고 한다. 모두가 심리적으로 안정적인 환경 속에서 공부할 수 있으면 좋겠지만 내 수업 들는 분들 여러분만이라도 정신 차리자. 시험이 연기되느니 마느니 했지만 결국 시험은 치러진다. 코로나니 뭐니 하더라도 결국 개인에게 남는 것은 시험 치고 난 뒤 합격과 불합격 결과뿐이다. 그것은 어느 누구도 책임져줄 수 없다. 결과에 대한 책임은 본인이 져야 되는 거다. 코로나 때문에 떨어졌다? 어쩔 건데? 누굴 탓할 건데? 탓해본들 이미 떨어진 걸 바꿀 수 있나? 바뀌는 것은 없다. 누굴 탓해봐야 소용 없고 자기 위로 삼아도 남는 게 없다. 결국은 본인 이름을 무조건 합격자 명단에 올릴 수 있도록 만드는 것만이 여러분의 과제다.

부디 왜 내가 공부할 때 이런 일이 발생하냐고 묻지 마시고 '이럴 수도 있구나' 이렇게 받아들이고, 오직 계획한 대로 공부해나가기 바란다. 코로나 19 핑계 대고 공부 계획 차질이 생겼다? 그래서 어쩌라고? 결과는 다 본인이 감당해야 되는 문제다.

축구에서도 공격수가 골 넣을 때까지 상대편 수비수의 방해도 있고 갖가지 태클도 들어온다. 여러분도 마찬가지로 시험 치는 그날까지 공부를 못 하게 하고, 합격을 못 하게 만들 일들이 대단히 많이 발생할 것이다. 부모님들이 여러분들의 공부를 걱정하는 게 아니라 거꾸로 여러분들이 가족과 주변을 걱정해야 될 일도 많이 생길 수 있다.

그럴 때 '왜 나에게만 이런 일이?'라고 묻지 마시고 '이 또한 내가 또 짊어지고 가야 될 내 하나의 짐이고 또 극복해내야 되는 거구나' 하면서 묵묵히 잘 견뎌주기를 바란다. 꼭 합격의 주인공이 되기를 바란다.

그래는
지금
최선을 다하고
있는가?
진정, 후회하지 않도록 공부를 하는가?

"자신의 몸과 마음이 모두 나를 따르고 있는지 살펴봐라. 그것이 최선이다."

— 루키우스 안나이우스 세네카(Lucius Annaeus Seneca)

30
돈은
따도 문제 잃어도 문제

코로나 터지고 난 뒤에 자살자가 많이 생겼다고 한다. 자영업 하다가 장사 안 돼서, 돈 빌려서 가게 임대했는데 빚더미에 앉아서, 또는 겨우 살아남아서 코인이나 주식에서 한탕을 노리다……. 그 한탕을 노리다 보니 땀 흘려서 일하는 것을 못 하겠다고 한다. 하루아침에 몇백만, 몇천만 원 벌 수 있을 거라고 생각해서. 그렇게 바람이 한번 들어가고 나면 다시 돌아오기가 쉽지 않다.

게다가 돈을 벌면 다행이지만 잃으면 누가 보상해주나? 돈은 따도 문제고 잃어도 문제다. "선생님, 돈 따면 좋지 뭐가요?" 아마 취업하면 한 달에 300만 원쯤 받게 될 거다. 한 달 뼈 빠지게 일해서 300만 원 벌었는데, 어느 날 코인이 올라서 300만 원 넣어둔 게 600만 원이 됐다고 치자. 사람의 마음은 무섭고 험한 곳으로부터 편하고 따뜻한 곳으로 가게 마련이다. 돈 가는 곳에 마음 가게 돼 있다. 그런 사람이 하루 종일 일하고 싶을까? 한 달 일해서 300만 원 버는데 하루에 코인이 올라버리니까 마음이 들뜬다. 그럼 계속해서 쉬는 시간에 뭐 하겠나? 코인 그것만 쳐다보고 있다. 그럼 무슨 문제가 생길까?

처음에 원하던 직장에 들어가서 열심히 일하고 내 삶을 꾸려가고 하겠다는 마음이 변질된다. 코인 오르기만을 쳐다보고 있다. 그러면 내가 일하는 것에 대한 보람이나 긍지를 못 느낀다. 괜히 개고생한다는 생각밖에 안 든단 말이다. 그렇게 된다. 그러면 내 직장 생활 자체가, 삶 자체가 황폐화되게 돼 있다.

돈 잃으면 말할 것도 없다. 돈 몇 백만 잃어보면 월급 받아서 이거 가지고 내 빚 갚겠나? 일하기 또 싫어지는 거다. 그래서 돈을 따도 문제고 잃어도 문제다. 따라서 주식을 하든 돈을 빌려주든 내 삶과 행복에 영향을 미치지 않을 만큼, 즉 '잃어도 될 만큼'의 여유 자금으로 하는 것이 현명하다.

혹시나 나는 이 나이에 부모님께 용돈도 받아쓰고 이룬 것이 아무것도 없다고 생각이 드는가? 너무 그렇게 생각할 필요 없다. 물론 지금이야 무조건 합격해야 한다고 생각하겠지만 인생은 길다. 군대 2년간 인생 낭비하는 것 같지만 지나보면 그곳에서 얻는 것도 많다. 재수, 삼수도 그 당시에는 한 번에 대학 못 가서 인생 1년 늦는다 생각할 수 있겠지만 절대 그렇지 않다. 다 경륜이 되고 성숙해지는 과정이지 절대 헛되지 않다.

"눈 감고 필요 이상의 잠을 자는 것
이외에는 다 배우는 거다."

3부
생의 지혜를
쌓는 시간

#세상을 살아가는 지혜
#인생 10계명
#스트레스

"애벌레는 날고 있는 나비를 이해하지 못한다."

스스로 날개를 꺾어서
나는 한계가 여기까지다
이거 이상 하지 못한다 하지 마라.

지치면 지고,
미치면 이긴다!

- 싸이 -

31

인생은 월세다

옛날에는 "휴대폰 공짜, 싸게 줍니다" 하는 글이 많았다. 하지만 공짜가 어디 있나? 약정이다 부가서비스다, 결국은 제값을 내야 한다. "선생님, 무료 강의 있잖아요?" 무료 특강을 듣고 봉투 모의고사 구입하는 사람도 생기고, 연계 강의를 수강하기도 한다. 그럼 당연히 이것은 학생들의 비용 지불에 대한 보답을 하는 것이다. 어디 아파트 매물이 싸게 나왔다더라, 어느 주식은 거저라더라……. 내가 늘 이야기하지만 공짜 좋아하는 사람은 패가망신한다.

자기가 땀 흘려서 얻은 것 아니라면 그 외의 것을 바라는 것은 다 도둑놈 심보라고 생각하면 된다. 나는 '대박'이라는 말을 쓰지 않는다. 공으로 대박을 노리는 사람들이 쪽박을 차는 것을 여럿 보았다. 카페에도 대박이라는 단어가 금지돼 있다. 무슨무슨 병, 이런 말도 금지어다. 면접병, 그게 무슨 병인가? 신종 병이 너무 많다. 그런 단어는 수험생에게 전혀 도움이 되지 않는다고 생각한다.

항상 노력에 대한 정직한 결과를 기대하는 사람이 곧 행복해지는 사람이다. 나는 늘 기도를 하는데 공부 안 하는 사람 합격시켜 달라는 기도는 절대 하지 않는다. 열심히 공부한 사람이 합격해야지, 그렇지 않은 사람이 떨어지는 것이 '시험'의 취지다. 난 항상 정직한 결과를 기대한다.

"인생은 월세다."

이것은 삶의 모든 기준이다. 다달이 삯을 내고 사는 것이다. 어떤 인생을 사느냐는 내가 한 만큼, 내가 낸 만큼 돌아온다. 그뿐인가. 영원한 자기 것도 없다. 장자 「소요유」편에 보면 우리네 인생은 잠시 소풍 나온 것에 불과하므로 그저 잘 놀다 가면 되는 것이다.

긍정적이고 감사하는 마음으로 생각하면 인생은 즐거울 수밖에 없다. 1이 모여 100이 된다. 이 순간순간, 하루하루가 훗날 각자가 그리는 본인들의 모습으로 나타날 것이다.

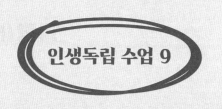

인생독립 수업 9

[원시 장
우리 삶 자체가

소득 나온날
20억 째마장들
60번 ~ 20번
원시 = 同.

"삶 자체 원시"

인기 = 돈 = 명예

All = 순간

spot time

이 순간은 삶의 반직선 위의 점일 뿐이다.

그렇기 때문에 교만할 필요도, 좌절할 필요도 없다.

32   파랑새는 없다

내가 운영하는 네이버 카페의 방침을 최근에 바꿨다. 고등학교 때 대학만 가면 다 이루어질 줄 알았는데 막상 가보니까 뭐 이런가 해서 휴학도 하고 고민을 하는 것처럼 공무원도 마찬가지다. 공직 가더라도 일반 회사에 가는 것과 같은 사회생활이다. 그런데 자기 우물 안에 갇혀서 작은 티를 보고 공무원 하기 싫다 부정적인 말들만 늘어놓는 사람들이 있다. 딱 까놓고 걔들이 경험을 안 해봐서 그렇다. 이미 사기업에서 경험을 쌓고 직장 생활 해본 사람들은 상대적으로 공직의 장점을 이야기한다. 언제나 세상을 경험해 보지 않은 사람들이 개고생이니, 조직 사회가 어떠니, 갑질이 어떠니, 급여가 어떠니 민원에 대한 불평을 쏟아놓는다. 그것도 다 개인적이고 상대적인 것이라 만족하는 사람들은 글로 안 쓴다. 만족하고 즐거운데 글 쓸 게 뭐가 있나? 묵묵히 제 일을 할 뿐이다.

카페에도 그런 글들이 어느 순간 많이 올라온다. 너무 힘들다, 면직하겠다, 이런 글이 자꾸 올라오니까 그게 전부인 것처럼 보인다. 카페 회원 수가 35만 명이다. 현직 공무원도 이미 몇십만 명이 된단 뜻이다.

내 원래 취지는 공직 생활의 자유로움에 대해서, 수험생들에게 긍정적인 동기부여와 "공무원 돼서 행복하다, 이 힘든 수험 생활 빨리 극복하고 현직 가야지"라고 생각하라고 만든 것인데 공직 생활에 대한 푸념 글들이 계속 올라오면 힘이 빠진다. 현직에 있는 그분들도 이해는 간다. 강사는 일반적으로 핑크빛 미래를 이야기하지만 현실이 다 그렇지는 않다는 것은 학생들도 이미 알고 있다.

"파랑새는 없다."

그럼에도 불구하고 공무원 생활이 어쩌고저쩌고 분별없이 말하는 인간들 바로 잔인한 회사에 집어넣어서 영업 뛰라고 한번 해보고 싶다. 그리고 언제 잘릴지 모르는 그 두려움 속에 있는 기업, 또

급여가 안 나오는 회사, 나는 진짜 열심히 일했는데 구조조정되고 문 닫는 경우, 내 의지와 무관하게 운명이 결정되는 일이 더 많다는 사실을 깨닫게 해주고 싶다.

그 속에서 살아남기 위해서는 치열하게 동료와 경쟁해야 되고, 승진 시험을 쳐야 되고, 뒤쳐지지 않기 위해 목 메야 되고, 힘들게 영업 실적 올리면 내년에 또 목표 실적을 더 높여야 한다. 사기업이건 공직 생활이건 사회생활이 원래 다 힘들다. 나만 힘들다고 남탓만 엄청나게 하는 것은 좀 싫다 이거다. 내 환경에 감사하는 마음으로 좀 더 긍정적으로 밝게 바꾸고 싶다.

33

결혼 안 해도 돼

과거에 자기 문벌을 강화하는 방법으로 혼인이라는 걸 했다고 하지만 실상은 오늘날도 마찬가지다. 참 안타깝지만 사실상 결혼이라는 게 통혼권이다. 대체로 잘난 집안이면 잘난 집안끼리 결혼한다. 재벌 가계도라는 것을 검색해보니까 누가 조사했는지 대단한 게 떴다. 우리나라 재벌 가문이 누구랑 결혼하고 또 그게 언론계, 검찰 권력계, 그리고 대학계, 관료계까지 네트워크가 된다.

남녀가 서로 좋아했는데 부모님이 반대하면 참 답이 없다. 최근에도 그런 고민을 들었다. 엄마가 미신을 좀 믿는데 여친을 소개했

생의 지혜를 쌓는 시간

더니만 점을 보고 와서 절대 안 된다고, 둘이 상극이라고 했다고 한다. 나보고 묻길래 문자로 '관여 안 함'이라고 보냈다. 그건 내가 관여할 문제가 아니다. 정답이 없다. 가치관이 서로 다른 거다.

옛날에는 결혼을 반드시 해야 되는 풍조가 강했다. 경제력이 남성 중심이었기 때문에 경제력이 없는 여성은 결혼을 하고 애를 낳고 육아와 가사만 하는 것이 과거의 일반적인 모습이었다. 이상한 남자를 신랑으로 만나도 붙어 살아야 됐었는데 지금은 그렇지 않다. 세상이 변했다.

여성이 남성한테 의존하지 않으려면 첫 번째는 뭐다? 경제력이다. 그 경제력 갖는 게 뭔데? 직업이다. 그래서 비혼이나 독신으로 살려면 첫 번째 가져야 될 게 생계를 유지할 수 있는 일자리다. 안정적인 소득이 필요하고 직업이 있어야 한다. 직장 생활을 하면서 경제력이 확보되면 독립할 수 있다. 군이 남한테 의지를 할 필요가 없다. 원룸 구해서 혼자 살 수 있다.

그리고 반드시 필요한 게 친구, 취미 활동, 자기계발, 그다음에 강아지 한 마리다. 탈무드에도 그런 말이 나온다.

"슬플 땐 개와 함께 있는 게 가장 좋다고."

개는 나에게 슬픈 이유를 묻지 않는다. 대구에서 살 때 집 뒤에 동산이 있었는데, 밤에 야간 수업 끝나고 산책하러 나가면 어두운 산책길이 좀 무서웠다. 그런데 놀랍게도 작은 강아지가 대단히 의지가 된다. 고양이도 괜찮고. 나중에 혼자 살 때 생각해보면 좋겠다.

나도 아들과 딸이 하나씩 있는데 자식들이 결혼을 반드시 해야 한다는 생각은 별로 없다. "너희 하고 싶은 대로 해라" 원래 그런 주의자이기도 하다. 세상이 너무 빨리 바뀌니까 기존 고정관념을 가지고 부모님들이 세뇌시킨 거 따라 하려고 하지 않았으면 좋겠다.

내가 자랄 때와 여러분이 자라는 지금 세상은 완전히 변했다. 결혼 가치관도 많이 바뀌었고, 앞으로도 많이 바뀔 것 같다. 결혼에 대한 개념이 없어질 수도 있다. 우리 때만 하더라도 이혼을 부끄럽게 여기기도 했는데 이제는 그런 개념이 없다. 자유 연애 결혼이 일상화되고 결혼 안 하는 경우도 많다.

세상은 이미 변했지만 아직도 부모님들은 자녀가 자기 책임이라고 생각한다. 내 아들딸이 빨리 직장을 가지고 경제적으로 독립해서 결혼을 시켜버려야만 부모 역할을 다 했다고 생각한다. 하지만 나는 너무 결혼이란 것에 구속받지 않았으면 한다.

이런 말을 군이 하는 이유가 있다. 공무원 수험생 중에는 이미 다른 직장 다니다 온 사람도 있고 나이가 찬 수험생도 정말 많은데,

특히 여성 수험생 같은 경우는 부모님들이 자꾸 결혼하라고 하니까 그것 때문에 엄청난 스트레스를 받고 노이로제에 걸린 사람들이 많다. 그런 분들한테 해주고 싶은 이야기다. 부모님은 네모난 세상으로 살아오셨다. 세상이 바뀌고 세모 모양이 되었는데, 부모님들 가치관에 꽉 매여서 자기 날개를 꺾을 필요 없다. 그냥 자기 가치관대로 살아가라. 더 행복하기 위해서, 과연 무엇을 하면 좋을까 생각하라. 나도 굉장히 급격한 변화를 겪었지만 여러분은 더 급격하게 변화하는 세상을 살게 될 것이다.

34 역사를 잊은 민족에게……

요즘 초등학생들한테 6·25 전쟁이 언제 일어났냐 물으면 모른다고 한다. 남침이냐, 북침이냐? 모른단다. 안중근 의사는 누구인가? 하면 병원 의사인 줄 아는 사람도 많다고 한다. 참 심각하다. 사교육비가 늘어난다는 명목으로 수능에서도 한국사 과목이 절대평가로 바뀌어 수능 문제 수준이 초등학교 수준의 문제가 됐다.

시험 뭐 하려고 치나? 시험이라는 것은 공부를 한 사람과 안 한 사람의 변별력을 만들기 위해서 치르는 거다. 고등학생이 보는 역사 과목 시험에서, 그것도 수학능력시험 평가에서 한국사 문제가 그 따위로 나오고, 교육이 부재하면 한국사 수업 시간에 제대로 공부를 하겠나? "너는 해라. 나는 수학 문제 풀겠다" 하고 수학 문제 풀고 있다.

누가 대통령이 되든 누가 교육부 장관이 되든 시험 제도에서 역사 과목이 약화되는 것은 반대다. 우리가 기억해야 될 게 있지 않나? 일본 놈들이 뭘 왜곡하나? 음악? 미술? 수학? 영어? 역사다. 왜 역사를 왜곡하겠나? 역사는 민족 정신이기 때문이다. 과거를 알아야 현재를 이해할 수 있고 앞날을 예측할 수 있다.

과거를 가르치지 마라? 말이 되나? 그럼 현재를 이해할 수도 없는 것이다. 공무원 시험 중에서 9급 시험에만 한국사 과목이 남아 있는데 경찰, 소방, 7급, 5급은 전부 다 한국사능력검정으로 대체됐다. 운전면허 필기시험 볼 때 학원 다니는 사람 있나? 그냥 상식으로 푼다. 크라운 출판사에 나온 문제집 조금 풀어보면 다 합격한다. 한국사능력검정도 그렇게 되어가는 게 안타깝다. 역사 교육이 약화되면 미래도 없다고 생각한다. 정체성에 관한 것, 우리의 뿌리를 배우는 것이 역사 과목이다. 그럼에도 불구하고 수능 역사 과목에서 질적으로 낮은 문제가 나오고, 학교 교과에서도 역사 과목 비중이 낮아지니까 수업 시간에 타 과목 문제 풀고 있다 이 말이다.

"전한길이 또 자기 밥그릇, 돈 벌기 위해서 저런 말하는 거네"

라고 할지 모르겠다. 나는 돈 많이 벌고 있고 이미 많이 벌어놨다. 나를 위한 게 아니라, 우리나라 공직자가 될 사람이면 적어도 한국 사 정도는 공부를 좀 해두어야 한다는 뜻이다. 역사를 잊은 민족, 좀 슬프지 않은가?

35

내가 최고고,
내 직장이 최고고

행복과 돈이 정비례하지는 않지만 경제력이 행복의 조건이 되기는 한다. 놀러 갈 때도 돈이 필요하고, 공부를 해도 돈이 필요하고, 뭘 하더라도 돈이 필요하지 않은 게 어디 있을까? 돈이 지배하는 세상이다. 나만 해도 돈 많으면 강의하겠나? 안 한다. 여러분도 돈 많으면 공부만 하겠나? 안 한다.

그러나 돈이라는 것은 내가 필요한 걸 얻게 해 주는 수단이지, 그 자체가 목적은 아니다. 합격도 마찬가지다. 우리가 수험생으로서 합격을 가장 우선순위에 두지만, 합격 그 자체가 행복을 가져다

줄까? 아니다. 직장도 그 자체가 목적이 아니라 행복하게 살기 위한 하나의 수단으로 필요한 거다. 안정적으로 월급 나오고 누구나 알아주는 직업을 가졌다 해도 그 속에서도 행복을 찾는 것은 본인의 몫이다. 그러기 위해서는 무엇보다 자족하고 감사하는 마음이 필요하다.

사실 취업이 주는 기쁨, 합격이 주는 기쁨은 잠시뿐이다. 사회생활 속에서, 인간관계 속에서, 업무 속에서 스트레스받고 상처받고 이런 게 한두 가지겠나? 늘 나의 인생에 대해서, 행복에 대해서 생각하고 흔들리지 않고 넘어지지 않게 지혜롭게 대처를 해야 한다.

내 제일 친한 친구 중 하나가 인천에서 정신과 의사를 하는데 내 강의 영상 보고 말했다. "한길아, 네가 수업 시간에 하는 이야기가 정신과 환자한테 내가 해주는 이야기다"

왜냐하면 이건 어떤 이론이나 누구의 것이 아니라 모든 인류의 공통적인 것이기 때문이다. 누구나 공감할 수밖에 없는 행복에 대한 이야기다. 나 자신을 사랑하라. 나 자신을 사랑하게 되면 나의 지금 위치에 대해서 만족하게 되고, 그럼 매사 감사하게 된다. 이게 행복의 시작 아닌가? 잘나고 돈 많다고 해서 다 행복한 것은 아니다. 인간은 어느 누구도 우월하거나 열등하지 않고 그 자체로서 존중받아야 한다.

『허생전』을 쓴 연암 박지원 선생을 아는가? 그는 이미 자본주의의 논리를 다 꿰뚫고 있던 분이다. 돈도 엄청나게 벌 수 있었을 것이다. 그런데 우울함을 달래려 『방경각외전』을 쓰셨다. 그런 인재가 너무 우울해서 불행해졌다. 그래서 우울을 낮게 하기 위해 저잣거리에 나가 이야기꾼들, 노래꾼들을 불러 모아 나를 즐겁게 해달라 청한다. 요즘으로 보면 흡사 코미디언 같은 사람들을 섭외한 것이다. 그래서 『방경각외전』에 나오는 인물은 대부분 서민이다. 수공업자, 상인, 노비들의 일상에 관한 것들이다.

감이 잡히는가? 돈이 많든 적든, 양반이든 서민이든 행복은 본인 하기에 달렸다. 우주의 중심은 자기 자신이다. 내 직장이 최고고, 내 아버지 어머니가 최고고, 우리 가족이 제일이다. 내가 살고 있는 지금 집이 이 정도면 어디야? 눈 뜨면 내 할 일이 있고 밤이 되면 누울 잠자리 있고, 그리고 배고플 때 언제든지 식사할 수 있는 경제적 여유가 있다면 된 거 아닌가? 감사하는 마음이 중요하다. 현대인의 불행은 있는 것에 감사할 줄 모르고 없는 것에 불평하는 것부터 시작된다. 그래도 합격해서 돈은 좀 벌자. 옛날 선비들의 안빈낙도의 삶, 그건 성인군자들의 이야기잖나. 지금은 그러면 더 우울하지 않겠나 싶다.

36 세상에 완벽한 사람은 없다

조선왕조 500년 동안에 최고의 천재를 꼽아보자면 최초의 한글 소설『홍길동전』을 썼던 허균을 꼽고 싶다. 허균 아버지가 허엽이 었는데 허엽도 이미 최고의 권력 관료였다. 허균이 『홍길동전』을 썼던 사람으로만 알려져 있지만 역사를 들여다보면 출중한 외교 전문가로서 활약을 했다. 특히나 달변에 글을 잘짓는 그의 능력은 임진왜란을 겪고 난 후 외교관계가 중요했던 선조, 광해 시기에 명 나라 사신을 상대하며 빛을 발한다.

허균은 독특한 이력의 소유자였다. 유배도 대여섯 번, 파직도 대여섯 번, 그렇게 당해도 다시 복직이 된다. 파직당한 이유도 무능해서가 아니라 너무 시대를 앞서갔기 때문인데, 지방관으로 가면서 자기 여자 친구를 데리고 갔다 탄핵이 된다. 게다가 또 불교를 좋아했는데 유학의 시대, 성리학의 시대에 승려 사명대사와도 엄청 친했다. 그 시대에도 똑똑하고 잘난 사람은 못난 사람들의 시기, 질투의 대상이 된다. 허균 역시 트집 잡히고 깎아내려지다 결국 잘린다.

잘난 사람일수록 욕을 얻어먹게 된다. 완벽한 사람이 어디 있나? 다 흠이 있다. 옛날 이순신 장군은 완벽했나? 세종대왕은 완벽했나? 정조 완벽했나? 그분들이 위대하지 않다는 게 아니라 쌍심지를 켜고 꼬투리를 잡으려 들면 어느 인물도 영웅이 되기 어려웠을 것이다.

자기에게는 관대하고 남에 대해서는 전부 따진다면 스스로 완벽한가 돌아보라. 무능한 사람일수록 실수를 안 한다. 왜? 해본 게 없으니까. 거꾸로 유능한 사람일수록 열을 하다 보면 하나 실수할 수도 있고 흠집이 드러나는 거다. 어떤 일에 대해서 공과가 있다면 작은 과를 하나 가지고 전체 공까지 다 끌어내리지 말자.

진정한 행복은 나 혼자 잘나서 얻을 수 있는 것이 아니다. 행복은 인간관계에서 나온다. 공무원이 영어로 Civil servant, 시민을 위한 봉사자란 뜻이다. 사기업을 선택할 수도 있지만, 사명감을 가지고 공무원이 되기로 마음 먹은 여러분에게 항상 박수를 보내는 이유가 그것이다.

물론 사기업에서도 동료들을 위해, 주주들을 위해, 소비자를 위해 열심히 제품을 만들고 물건을 판다. 하지만 공무원은 단순히 자신과 관계 있는 사람만을 챙기지 않는다. 공무원이 된다는 건 국가와 시민을 위해서 평생 봉사하겠다는 정신을 바탕에 깔고 살아가겠다는 의지다.

람보르기니나 페라리 같은 좋은 차 타는 사람들이 정말 행복할까? 좋은 차 탄다고 속에 있는 공허함을 없앨 순 없다. 우린 원래 가지지 못한 것을 항상 동경하고 부러워한다. 하지만 막상 그곳에 가보면, 파랑새는 없다는 걸 알게 된다.

나도 월세 생활을 참 오래 했는데, 월세 살다가 전세 가고, 집 사면 행복할 줄 알았다. 좋은 아파트 보면서 저런 데 살면 좋겠다 부러워들 하지만, 평수가 행복을 보장해주진 않는다. 물질적인 것은 행복의 조건이지 절대로 전부가 아니다. 그런데 경제력이라는 게 뭘까? 먹고살 만큼의 돈이다. 그 이상의 것에 우리가 상상하는 만큼 큰 의미는 없다. 내가 보장한다.

스티브 잡스 생각하면 쉽다. 위대한 아이폰 만들고 금방 죽어버렸다. 삼성 이건희 회장도 마찬가지다. 이제 없다. 우리는 비록 그런 거대한 기업은 못 만들지만 아직 서로 웃을 수 있고, 일할 수 있다.

내가 깨달은 건 하나다. 공무원 경제력이면 된다. 충분히 행복할 수 있다. 공무원의 사회생활이란 게 참 즐거운 일이다. 인정 욕구도 채워지고, 생활도 안정된다. 사람의 행복은 언제나 관계 속에서 나온다. 최근에 카페에서 본 글인데, 3~4년 된 현직 공무원이 매너리즘에 빠져서 지루하다고 토로하더라. 생활이 다 무미건조하다는 거다. 여자친구도 없고 혼자서 외롭다고.

공직 생활을 다람쥐 쳇바퀴처럼 돌고 있으면 행복이 주어지지 않는다. 시험 합격도 우리가 노력해서 얻은 거지 알아서 합격되는 게 아닌 것처럼. 그래서 내가 그분에게 답글을 달았다. 일단 휴가를 좀 내서 여행을 한번 떠나봐라. 일상에서 무조건 떠나보라고. 친구와 함께 떠나도 좋다. 영화를 실컷 봐도 좋고. 반려동물을 키워보는 것도 얼마나 행복한가? 그렇게 관계를 충족시키고, 공무를 보면서 국가와 시민과 새로운 관계들을 계속 만들어나가고. 그렇게 관계 속에서 뭔가를 찾아야 공허해지지 않는다.

인생독립 수업 10

숨이 붙어 있다면, 언젠가 나의 시간은 온다.

37

그냥 시키는 대로 살다 보니까

"내가 바란 것은 아버지의 따뜻한 눈길 한번, 다정한 말 한마디였소."

– 영화 「사도」 中

'영조는 왜 아들을 죽였을까?'에 대해서는 영화 「사도」를 보면 정확히 나온다. 옛날에는 정치적으로 해석을 많이 했는데 그 영화에서는 '아버지가 아들을 죽일 때 심정이 어땠을까?' '오죽 답답하면 죽였을까?' 하는 인간적인 면이 대립 구조로 나온다. 영조와 사도

세자 사이에서 아버지가 아들을 죽일 수밖에 없는 상황이 잘 드러난다.

사도는 원래 장남은 아니었다. 영조에게는 효장세자가 있었는데 10살 넘어서 죽어버렸다. 대가 끊길 만한데 사도는 영조가 마흔이 넘어서 얻은 아들이었다. 평균 남자의 수명이 대략 35세였던 조선 시대에서 마흔이 넘으면 나이가 굉장히 많은 것이었다.

그렇게 마흔이 넘어서 아들을 낳으니 얼마나 기뻤을까? 게다가 귀하게 얻은 사도가 3살에 천자문을 다 외우니, 바로 세자 책봉을 해버린다. 아버지의 자식에 대한 기대가 너무 컸던 거다. 기대가 크면 무슨 일이 생길까? 맨날 아버지가 직접 숙제를 내고 검사하고, 10살이 되었을 때 세자빈 혜경궁 홍씨를 맞이하여 이제 연애도 좀 해보고 하려는데 아버지는 계속 공부만 강요하고. 그때부터 사도와 영조의 갈등이 생긴다.

사도가 어릴 때는 자기 생각을 이야기할 수가 없으니 아버지 시키는 대로 했는데 자아가 형성되면서 서서히 충돌이 생긴다. 둘의 성향이 너무 달라서 결국은 영조도 골치가 아파진다. 사도가 극단적인 스트레스를 받아서 공황에 의한 발작 증세를 일으키는데 영화에 그 장면이 너무 잘 나온다. 아버지의 기대에 못 미치니까 그 부담을 못 이겨 궁녀도 죽이고 비구니도 죽이고 잠옷을 입고 온데 돌아다니고 왕자로서 체통을 모두 잃는다.

결국 영조는 아들을 뒤주 속에 가둬 굶겨 죽인다. 그 장면이 애절하게 그려졌다.

수능 강사 시절에 이해가 안 되는 점이 참 많았다. 엄마가 아이의 각본을 다 짜놨다. 공부를 어떻게 해야 하는지, 학원은 어디에 가야 되는지, 왜 숙제를 안 내주냐고 뭐라고 하더라. 공부를 스스로 하는 거지 뭘 숙제를 내줘야 되나. 엄마가 시키는 대로 살다 보니까 숙제가 없으면 뭐부터 해야 할지 모르는 아이들이 태반이었다. 성인이 된 여러분 중에도 비슷한 경우가 분명히 있을 것이다. 자기 주도는 학습에만 필요한 것이 아니다. 대학이, 공무원 시험 합격이 인생의 끝이 아닌 것처럼 본인의 삶은 스스로 주도해야 한다. 조선시대나 고려시대는 자기 의지와 무관한 운명이 다 결정돼 버렸다. 신라에서는 골품 타고 나면 끝이고, 노비로 태어나면 노비로 죽어야 했다. 지금은 그렇지 않지 않은가? 자기가 선택한 삶, 스스로 결정한 길을 산다는 것은 얼마나 신바람 나는 일인가!

38   인생 10계명을 정하다

도산 안창호 선생은 일관되게 국가와 민족과 청년 교육을 위해서 사신 분이다. 춘원 이광수가 놀랍게도 안창호 선생의 전기문을 쓴 다. 본인은 변절자 친일파가 되었음에도 안창호 선생의 위대함은 인정한 것이다.

안창호 선생은 아침마다 명상을 하셨다고 한다. 조국의 산하, 백 두산, 한라산, 금강산, 설악산, 묘향산, 압록강, 두만강, 청천강, 영 산강, 섬진강을 굽어보고, 이 조국의 백성들을 떠올린 다음, 스스 로에게 물었다고 한다. 오늘 하루 나는 이 조국과 백성을 위해서 무슨 일을 할 것인가? 그렇게 매일매일이 한 달이 되고 1년이 되고 10년이 되어 일생토록 일관되게 살 수 있게 되었다고 한다.

"내 인생 참 허무하다. 나 왜 이렇게 살았지?" 이런 말을 많이 들었다. 그리고 그때마다 나는 나이 들어서 저런 말을 하지 않아야겠다고 생각했다.

안창호 선생에 비하면 백 분의 일, 천 분의 일, 만 분의 일도 안되지만, 작지만 소중한 내 삶을 일관되게 한번 살아보자 하는 생각이 들었다. 그러면 내가 추구하는 방향대로 살게 될 것이고 나이가 들수록 초라해지는 것이 아니라 더욱더 성숙되고 복되지 않겠는가? 그 생각을 가지고 서른 살 때 인생 10계명을 딱 정했다.

굴곡 많은 삶을 겪고 나서 매일 일어나면 인생 10계명을 외쳤다. 애들이 "아빠 좀 이상해"라기에 그 뒤로는 외치지는 않고 매일 반신욕을 하면서 생각한다.

1. 삶의 기준

복 있는 사람은 악인의 꾀를 좇지 아니하며
죄인의 길에 서지 아니하며 오만한 자의 자리에 앉지 아니하고
오직 여호와의 율법을 즐거워하여
그 말씀을 주야로 묵상하는 자로다

2. 성실한 삶

지혜로운 자는 시간을 아끼느니라

게으른 자의 길은 가시울타리 같으나

정직한 자의 길은 대로니라

3. 말 절제

무릇 더러운 말은 너희 입 밖에 내지도 말고

오직 덕을 세우는 데 소용되는 대로 선한 말을 하여

듣는 자들에게 은혜를 끼치게 하라

4. 감정 절제

분을 쉽게 내는 자는 다툼을 일으켜도

노하기를 더디하는 자는 시비를 그치게 하느니라

5. 자식된 도리

지혜로운 자는 아비를 즐겁게 하여도

미련한 자는 어미를 업신 여기느니라

6. 돈벌이의 기준

적은 소득이 의를 겸하면

많은 소득이 불의를 겸한 것보다 나으니라

7. 겸손한 삶

너의 마음을 다하여 여호와를 의뢰하고
네 명철을 의지하지 마라

8. 생각의 기준

항상 기뻐하라
쉬지 말고 기도하라
범사에 감사하라

9. 강사의 기준

사랑으로 가르치라
사랑이 없으면 소리 나는 꽹과리에 지나지 않는다

10. 하루 시작의 기준

대장부는 소인배와 논하거나 싸우지 않는다
오늘 하루도 기뻐하며 다른 사람의 행복을 위해서
무엇을 할 것인가?

39 내가 하고픈 주례사

2012년 5월, 결혼 주례를 본 적이 있다. 당시 마흔셋 나이에 주례를 본다는 게 말이 안 된다고 생각해서 당연히 처음에는 거절했었는데 신랑 신부 양가 부모님이 거듭 요청하는 바람에 하는 수 없이 장모님께 여쭤봤다. "결혼 주례는 보통 나이 든 사람이 봐야 하는 것 아닌가요?" 했더니 "보통 나이가 든 사람들이 많이 보지만 그래도 결혼해서 건강한 가정을 유지하고 있고, 양가 부모님의 요청이 있으면 해도 된다네"라고 해서서 수락했다.

신랑 신부가 대학입시 재수를 할 때 만나서 어려운 일 닥쳤을 때

위로와 용기를 불어 넣어주고 했던 것이 인연이 되었다. 서로에게 감사하는 보기 좋은 사이였고 결혼 뒤에도 지금까지도 잘 살면서 가끔씩 안부도 전해 온다.

이 글은 당시 내용에다가 약간 덧붙인 것인데 향후에 결혼할 제자들에게 전해주고 싶은 주례사이기도 하다.

> 남녀가 맺은 결혼의 인연은 하늘이 맺어준 것으로, 남편은 아내에게 아내는 남편에게 평생 정절을 지켜야 하고, 서로가 서로를 존경하면서 아내는 남편을 따르고 남편은 아내를 따르며 서로 사랑하고 책임을 다해야만 합니다.
> 남녀가 새로운 가정을 이룬다는 것은 양가 부모님을 떠나서 둘이 한 몸을 이룬다는 것을 의미합니다. 그러니 이제부터는 남편과 아내 둘만이 당사자가 되어 모든 일에 1순위가 되어야 하고 부모님은 제3자가 되어야 합니다. 결혼을 통해서 독립하라고 해놓고는 자기 자식에 대한 집착을 버리지 못해서 부모님이 당사자로 끼어드는 순간 행복한 결혼이 유지될 수 없게 될 것입니다. 남편과 아내는 모든 일에서 오직 두 사람만이 서로의 주인공입니다.

> ＊

> 인생사라는 것은 온실 속의 화초가 아니라 야생화와 같습니

다. 날씨가 좋을 때도 있지만 때로는 비바람이 몰아칠 때도 있습니다. 그것을 견뎌내고 이겨내야만 합니다. 대신 이런 것을 함께 이겨내고 나면 온실 속에서 자란 화초보다 훨씬 더 아름다워지는 것입니다. 남녀가 한 가정을 이룬다는 것은 이처럼 좋은 일도 힘든 일도 함께 겪고 함께 이겨내고 모든 것을 함께한다는 것입니다.

부부란 우산을 함께 쓰기만 하는 것이 아니라 비도 함께 맞는 것입니다. 결혼은 둘이 합쳐서 하나의 가정을 이루는 것입니다. 따라서 한 가정을 이루는 이 순간부터는 '내 것'은 없고 무조건 '우리 것'만 있습니다. 누가 돈을 더 많이 벌든 누가 더 잘나고 못나고도 이제는 없습니다. 모든 것에 '우리'의 것만 있어야 합니다.

*

결혼 후 양가 부모님에 대해서는 효도를 다해야 할 것입니다. 남편과 아내의 효도 방법 중 하나는 시부모님에 대해서는 아내가, 그리고 처가에 대해서는 신랑이 주도해서 하도록 믿고 맡겨두는 것이 좋습니다. 자신의 부모님이 대접 잘 받고 효도받길 원한다면 상대 부모님께 더 잘하면 될 것입니다. 그러면 저절로 양가에 대해서 효를 다하게 될 것입니다. 그 이상의 것을 바라는 것은 욕심이며 욕심은 모든 불행을 만드는 원인이 됩니다. 그러니 욕심 부리지 말고 양가에 대해서든 남편과 아내에 대해서든 항상 자족하고 서로에

게 감사하는 마음만 꼭 간직하십시오. 그러면 행복한 가정
이 평생을 함께할 것입니다.

항상 기뻐하십시오. 쉬지 말고 기도하십시오. 범사에 감사
하십시오.

혹시나 다음에 취업을 하고 결혼하게 되거들랑 미리 읽어보고
행복한 직장 생활과 더불어 결혼 생활 역시 잘해서 멋진 가정을
꾸려가는 데 도움이 되었으면 한다.

나 역시 야생화처럼 지난 24년 동안 결혼 생활 해오면서 많은 우
여곡절을 겪었다. 특히 안정적인 공직에 근무해온 아내와 달리 롤
러코스터와 같은 학원 강사, 학원 사업, 출판 사업을 해온 남편 때
문에 마음고생 시켰던 것을 생각하면 늘 미안한 마음이 가득하다.
나만 겪으면 좋았을 고통까지도 함께 감당해온 아내이기에 더욱
고맙고 늘 존경한다. 여생은 아내를 위해서 살고 싶은 마음이다.

우리 가정이 잘되도록 기도해주고 도와준 부모 형제, 주변 여러
고마운 분들 덕분에 많은 어려움도 있었지만 잘 이겨냈고, 지금까
지 아내와 함께 두 아이를 키우며 행복한 가정을 유지하면서 잘
살고 있다.

내가 수업 중에 인생사에 대한 이야기를 많이 하는 이유는 이런

가정이 가져다준 안정감과 자신감 때문이라고 할 수 있다. 나는 여러분이 나와 헤어지고 나서도 건강하고 행복한 삶을 살아갔으면 하는 소망을 늘 가지고 있다.

40 상종하면 안 될 두 종류 인간

상종하면 안 될 인간이 두 종류가 있다.

"하나는 감사할 줄 모르는 인간,
다른 하나는 미안해할 줄 모르는 인간."

인간관계에서 인정받고 대접받으려면 항상 고마워할 줄 알아야
된다. 사소한 것이라도 누군가 나에게 시간을 내어 가르쳐 준다면
고마워하는 마음, 커피라도 한잔 대접하려고 하는 마음이 있어야

된다. 남한테 받은 것은 잊어버리고 자기가 준 것만 기억하는 사람이 있다. 그리고 미안한 줄은 모른다. 최악의 인간이다. 스스로 저울 위에 한번 올려봐라. 나는 과연 어떤 부류의 사람일까? 나는 과연 남들한테 감사할 줄 아나? 그리고 내가 잘못한 것에 대해서 늘 미안해한다고 생각하나? 그렇지 않은 사람이 정말 많다. 공무원이 애먹으면서 민원 처리를 다 해줬는데 민원인이 와서 "내가 세금 내서 너희 월급 주지? 똑바로 해"라고 말한다고 생각해보라. 죽기 전에 내 몸 다 찢어내서 수술해야 될 때도 있다. 그런 나를 살려줄 의사 선생님, 얼마나 감사한가? 간호사 선생님들 얼마나 고맙나? 약국 가서 약사님께도 감사하자. 국밥집 가서 "내 돈 내서 내가 먹는데?" 이러지 말자.

극단적으로 말해서 지금 머리끝부터 발끝까지 직접 이루어놓은 게 뭐가 있나? 네 몸은 네가 낳았나? 부모님이 낳았다. 머리 직접 깎았나? 미용실 가서 3만 원 냈는데요. 내가 30만 원 줄 테니까 그 머리 해봐라. 못 한다. 마스크 내 돈 주고 샀는데요? 내가 그 돈 줄 테니까 마스크 만들어봐라. 옷 이거 만들 수 있나? 1억 줄 테니까 휴대폰 만들어보라. 직접 한 게 뭐가 있나? 모든 것에 은혜를 받고 살고 있다.

그렇게 생각하면 늘 모든 주변 사람들한테 감사하면서 살아야 되는 거다. 그래서 감사한 줄 모르는 인간이 가장 불행하다.

스스로 행복해질 수 있는 가장 확실한 방법을 아는가? 늘 감사한 마음을 가지면 본인이 행복해지는 거다. 병원을 가든 식사를 하든 마트에 가든 주변 모든 사람들의 은혜 속에서 나 자신이 존재하고 내 꿈을 이루어갈 수 있는 것이다.

41 출근할 때가 제일 즐겁다

지금 당장 나에게 국회의원 하라고 하면 안 한다. 의사 가운 줄 테니까 해라? 안 한다. 판사복 주고 판결하라고 하면? 안 한다. 나는 강의하는 게 제일 좋다. 강의가 천직인지 가장 즐겁다. 학생이 많을 때든 적을 때든 내 생각과 내가 아는 것을 전달하는 일, 학생들과 대화하는 것이 좋다.

EBS 방송하기 직전이었나 직후였나, 서울대 대학원을 가려고 했다. 그 당시 서울대 대학원에 가려면 텝스하고 전공 시험을 봐야 했는데, 전공은 자신 있었는데 텝스를 해야 되니까 영어학원에 다녔다. 대구에 있을 땐데 그때 영어 선생님께 많은 영감을 받았다.

그 영어 선생님 성함이 김인삼이었다. 학생들이 많지는 않았지만 그는 내가 만난 강사 중에 최고였다.

영어가 이렇게 재미있을 수 있나 할 정도로 너무 잘 가르쳤고, 체계적이었다. 종강할 때 인사를 드리니 "아저씨는 도대체 뭐 하는 사람이냐"고 물었다. 당시에 같이 텝스 공부하는 애들이 중고등학생들이었고 나 혼자 나이가 많았다. "내가 유신 학원에 전한 길입니다" 하니 우리 애들이 너무 좋아한다고 칭찬을 해주셨는데 거꾸로 "저는 선생님한테 정말 감동 많이 받았습니다. 같은 강사 입장에서 볼 때 선생님은 최고입니다. 이 영어라는 과목을 이렇게 재밌고도 잘 가르칠 수 있는지 교수법에 대해서도 많이 배웠습니다" 하니까 무척 기뻐하셨다.

아는 것과 가르치는 건 다르다. 자기가 알고 있는 것을 상대방 눈높이에 맞춰서 쉽고 재미있게 풀어낼 수 있는 능력이 굉장히 중요하고 그것을 강의력이라고 볼 수 있다. 나는 학원 강사로서 여러분 눈높이에 맞춰서 "이 문제는 이것이 초점이다. 이 문제는 이렇게 풀어간다" 하고 강의하는 게 가장 재미있다. 반신욕을 싹 깔끔하게 하고 수업하러 올 때가 제일 즐겁다.

보통 사람들은 출근하러 갈 때 힘들다 하고 퇴근할 때 기뻐하는

데 나는 거꾸로 출근할 때가 제일 즐겁다. 여러분도 마찬가지로 무슨 일을 하고 싶은지 아직 결정을 못 했다면 깊이 고민해보고 정했으면 좋겠다. 전한길처럼 출근하는 날이 즐겁고 또 일하는 것이 가장 행복하다면 좋겠다. 이렇게 애써서 공부하는 거, 자기한테 맞는 적성을 찾아가면 더 행복하지 않겠는가?

생의 지혜를 쌓는 시간 ———————

결정으로 부터 오는 모든 결과는 역시
내 ~~결정~~ 선택에 대한. 내 인생길
"생방송"이라.
~~~~~~

재방송이 없는 인생, 결과를 모르는 인생, 그래서 인생은 참 재미있다.

42 '선택 장애'란 말 쓰지 말자

정신적으로 육체적으로 완벽한 사람은 없다. 우리는 다 부족한 인간이다. 부족함을 서로 채워주며 사는 거다. 영화 「드래곤 길들이기」를 보면 주인공 히컵이 드래곤 한 마리를 길들이게 되는데 이 투슬리스라는 드래곤은 날개와 꼬리뼈를 다쳤고, 주인공은 다리를 다쳤다. 둘은 서로 돕고 서로를 채워주면서 악당을 물리치고 꿈을 이루어간다. 인간은 어느 누구도 다 혼자 완벽할 수는 없다. 서로 도움을 받아야 한다. 수험생은 강사의 도움을 받고, 강사는 학생들의 도움을 받고.

생의 지혜를 쌓는 시간

공무원 시험은 채용 인원의 10분의 1을 장애 전형으로 뽑기 때문에 내 수업을 듣는 장애인이 많다. 30살 먹은 청년이 인사하러 왔는데 칠판을 더듬으면서 걸어왔다. 누구냐고 하니까 이번에 합격해서 수원에서 감사하다고 인사하러 왔다고 했다. 자기 남동생이 이미 여자친구가 있는데 혹시 형이 장애인이라는 것 때문에 시집 안 오겠다 할까 봐 혼자 몰래 속으로 마음이 쓰였다고 했다. 인사하러 온 주 토요일 날 남동생이 상견례를 하는데 자기도 당당한 마음으로 나갈 수 있게 되었다는 거다.

학원에 휠체어를 타고 나와서 수업 들은 학생도 있다. 늘 맨 뒷자리에 앉았기에 '절대 기죽지 마라, 합격하고 나면 똑같은 공무원이다' 하고 응원했다. 나는 그 친구가 공무원에 합격할 것을 확신하고 있었다. 정숙희 선생님이 나한테 용기를 준 것처럼.

시각장애인이라 점자로 공부한 학생도 있다. 시각장애는 영어 시험 칠 때가 제일 어렵다. 영어 지문을 음성으로 읽어주는데 쉽지가 않다. 공무원이 되어 장애인을 위한 일을 하고 싶다고 하는 똑똑하고 당찬 학생이었는데, 결국 경기도 쪽 지방직에 합격을 했다.

지금 본인의 환경이나 상황 때문에 절대로 기 죽거나 주눅들지 마라. 사람 일은 알 수가 없다. 그래서 좀 잘 산다고 잘난 척할 거 없고 어렵다고 힘 빠져 있을 이유도 없다.

수험생 커뮤니티에서 검증되지 않은 글 제발 보지 마라. 괜히 팔랑거리기만 하는 사람들 말은 듣지도 마라. '선택 장애'라는 말은 쓰지 마라. 말은 생각을 만든다. 인간이 살아가는 동안은 죽을 때까지 선택의 연속이다. 강의를 들을까, 혼자 할까? 무슨 직렬 할까? 공무원 할까 말까? 연속된 선택 앞에서, 가장 바람직한 결정을 할 수 있는 것은 바로 나다. 쓸데없는 글 보지 말고 카페에 와서 여러분들의 시행착오 줄이라고 쓴 합격한 선배들의 주옥같은 합격 후기들이나 봐라.

4부

'인생독립'이 곧 행복이다

#전한길의 행복론
#자립

"골목을 돌기 전까지는
무엇이 있는지 알 수가 없지 않나?"

날이 밝기 전 어두움을 지나야 태양을 볼 수 있다.
그게 인생이고, 그래서 삶이 재미있는 거다.

고난은
감추어진
축복이야.

43 기죽지 말고! 어깨 펴고!

공부하는 분 중에는 어려운 분들이 참 많다. 월세 내기도 힘든 분도 많고 건강이 안 좋은 분도 있고, 하지만 이렇게 생각하면 좀 위안이 되려나 모르겠다.

"상하이에 있던 대한민국 임시 정부도
월세 못 낼 때가 있었는데, 뭘?"

전한길이도 월세 못 내고 친구가 내준 적이 있다. 월세를 못 내서 보증금도 계속 깎이고, 주인이 하도 독촉해 친구가 몇 개월 치를 내줬다. 월세 35만 원도 못 내서 그런 적이 있었다. 여러분은 지금 돈이 없는 게 아니라 안 보이는 거다. 호주머니 그득 채워질 거다. 그런 능력이 있는 분들이니까 조금만 더 견뎌주었으면 한다.

외유내강(外柔內剛). 연한 갈대와 같이 바깥에는 흐느적거리고 부드러울지 몰라도 안에는 강철을 품고 있어야 된다. 전한길이 노량진에 올라왔을 때 무림의 고수들이 긴 칼 한 자루를 차고 무림으로 진출하듯이 강의 하나로 승부하겠다는 마음을 품고 왔다.

수십 대 일의 경쟁을 뚫어야 되지 않나? 어느 누구도 '네가 합격해라. 내가 떨어져줄게'라고 하지 않는다. 정정당당하게 승부하고 실력으로 해서 결국은 내가 이기겠다는 이런 마음가짐이 필요하다.

나 역시 당당하게 실력으로 승부했다. 반칙하지 않고 댓글 알바 이런 거 안 하고 오직 강의 하나로 내 모든 걸 걸고 겨뤄보자는 신념으로 모든 열정과 시간과 에너지를 강의에 다 바쳤다. 나한테 주어진 모든 시간을 교재 개발하는 데에 다 썼다. 지치면 지고, 미치면 이긴다. 스스로 대단한 인물이라고, 늘 자기 자신을 대장부라 생각하고 그 마음가짐으로 꿈에 다가가길 바란다.

영화 「명당」을 보면 이하응이 굴욕의 상징으로 그려진다. 개처럼 땅을 기어 던져준 고깃덩어리를 먹는다. 그러나 우리는 이미 알고 있다. 그 아들이 왕이 되고, 그는 대원군이 된다.

우리도 마찬가지다. 세상 살다 보면 괄시당할 때도 있고 오랜 도전이 실패하면 자존심도 다친다. 그러나 먼 미래를 보고 큰 비전을 품고 있다면 굴욕을 당하고도 견딜 수 있는 인내력도 함께 가져야 한다.

남에게 너무 상처받지 말고 남에게 너무 기대하지도 마라. 그들은 어차피 달라지지 않는다. 남은 남이고 나는 나. 내가 달라지면 된다. Fighting spirit! 기죽지 말고, 어깨 쫙 펴시라.

44   불합격은 실패가 아니다

나이에 조급해하지 마라. 25세에 합격하면 35년 근무한다. 지긋지긋하게 일할 건데 뭘 그렇게 급하게 생각하나. 나는 최대한 단기 합격을 원하고 빨리 합격자를 배출하고 싶다. 하지만 간혹 떨어진 분들한테도 그렇게 실망하지 마라는 말을 많이 한다. 30세에 합격하면 30년 근무하고, 29세에 합격하면 31년 근무하고, 28세에 합격하면 32년 근무한다. 이렇게도 묻고 싶다.

"지나가는 아저씨 보고
50세 아저씨, 51세 아저씨, 53세 아저씨
구분할 수 있나?"

못 한다. 지금은 한 해, 두 해가 너무나 길게 느껴지겠지만 객관화해서 보면 방금 말한 대로 30년 근무하나 33년 근무하나 차이가 없다. 그러니까 합격만 하면 된다. 1년 먼저 되고 나중 되고는 지나보면 덜 중요하다. "올해 떨어지면 나는 끝이야. 마포대교 갈 거야" 워낙 절박하게 하는 분도 있다. 나는 절대 떨어지면 안 된다는 배수의 진을 치고 공부하는 마인드도 필요하지만, 떨어지고 난 뒤에는 생각을 달리해야 된다. 좀 긍정적으로 생각하고 공부하라는 뜻이다. 나에게는 아직 시간이 있다. 때로는 이런 마음을 가질 필요도 있다.

혹시나 시험에 떨어지는 것이 실패라고 생각할지 모르는데 나는 절대 그렇게 보지 않는다. 이게 도저히 합격할 수 없는 시험 같으면 실패겠지만 이번에 떨어지면 1년 더 하면 된다. 암기와 반복을 하면 누구나 합격할 수 있다. 알다시피 전한길 네이버 카페에 합격 후기가 정말 많다. 읽어보면 자연계 출신이고 한국사를 배운 적도 없고 영어도 못했는데 이렇게 하니까 합격하더라는 후기도 있고, 본인 스스로 별로 머리가 좋다고 생각하지는 않는데 합격했

'인생독립'이 곧 행복이다 ───

다는 후기가 넘쳐난다.

시험 자체가 고난도 사고를 요구하는 게 아니라 기본 이론 공부하고 빠르게 문제 푸는 방법만 습득하면 된다. 누구나 할 수 있고, 포기만 하지 않으면 된다. 나중에 합격하고 나면 앞선 실패들이 다 자양분이 돼서 살아가면서 도움이 된다. 최연소 합격이다, 단기 합격이다, 하는 게 좋아 보이겠지만 그렇게까지 부러워하지 않아도 된다.

45 행복의 기준은 주관적이다

모든 것은 생각하기에 달렸다는 것을 다 알 것이다. 합격하고 행복하게 사는 것도 중요하지만 그 과정을 어떻게 보낼 것인지 한번 돌아봤으면 좋겠다. 수험 생활을 시작하는 이 마당에 다음 시험 때까지 어떻게 어떤 마인드로 공부할 것인가에 대해서 자문해보고 시작하자.

말씀드린 대로 남부러울 것 없는 여건과 환경 속에서도 늘 우울하고 불행한 사람이 있는 반면에 보는 사람이 미안할 정도로 어려운 여건에 있으면서도 실제로는 내적인 행복감이 배어나오는 사

람이 있다. 그 차이가 무엇일까? 따져보면 역시 ==행복의 기준은 주==
==관적이다.==

전국에 수험생이 30만이 있다고 치자. 모든 수험생이 시험 때까지 하루 종일 공부해야 하고 일주일 내내 공부해야 한다. 그게 객관적인 조건이라면 남은 날짜도 객관적이다. 누구에게나 동등하게 주어진다. 그러나 그 시간을 어떻게 보내느냐에 따라서 행복한 수험 생활이 될 수도 있고 불행한 수험 생활이 될 수 있다고 생각한다. 합격해서 살아갈 삶도 소중하지만 그걸 위해서 지금을 투자한다고 생각하면 수험 생활도 소중하다.

하루하루가 한 달이 대단히 길게 느껴질지 몰라도 지나고 나면 이게 금방인 걸 알게 될 거다. 기왕이면 합격을 향해 전진하고 있는 과정인 지금 이 수험 기간도 행복하게 보냈으면 좋겠다.

"선생님, 수험 생활에 행복한 게 어디 있습니까? 우리 집안 형편도 빠듯해서 수험 중에 커피 한잔도 쉽게 마실 수 없는 형편인데 뭐가 더 행복하겠습니까?"라고 말할 수도 있겠지만, 나는 그렇게 생각하지 않는다.

역사적으로 볼 때 70만 년 전 단양 도담리 금굴 유적지부터 시작해서 구석기시대부터 한반도에 사람이 살기 시작했고 토막토막 끊어서 연도로 계산해보면 지금 이 시기에 태어난 것도 운이 좋다이 말이다.

　신체적으로도 건강하고, 지적인 능력도 되고, 그러니까 수험에 도전할 수 있는 사실만으로도 축복받은 거다. 자기계발서에도 많이 나오는 말이지만 가지지 못한 것에 대해서 후회하거나 아쉬워하지 말고 가진 것에 대해서 감사하라.

"행복은 감사에서 나온다."

　불평하지 마라. 하나 더한다면 남과 비교하지 마라. 물론 성적은 비교해봐야 된다. 어차피 성적순으로 끊으니까. 다만 그 외에 외모라든가 소득이라든가 자기 자존감에 관한 것만은 절대 남하고 비교하지 마라. 누구나 다 귀한 존재고 유일한 존재 아닌가? 나는 너무나 귀한 존재인 걸 잊지 마라. 수험 생활을 할 수 있다는 자체가 축복이라고 생각하라는 거다. 이렇게 생각하면 결국은 그 수혜자가 자기 자신이 된다. 자기 자신을 먼저 사랑해야 남을 사랑할 수 있고 자신을 귀하게 여겨야 남을 귀하게 여길 수 있다.

　여러분들이 어떻게 전한길 강의를 듣게 됐는지는 모르지만 내 강의를 듣는 사람들은 불행이 행복으로 바뀌고, 떨어질 운명이 합격할 운명으로 바뀔 것이라 확신하고 있다. 내 책을 읽는 사람이라면 이런 마인드를 가지고 우울해하지 말고 행복한 수험 생활을 해

　　　　　　　　'인생독립'이 곧 행복이다 ───

보자. 오늘부터 시험 치는 날까지 나와 함께하는 동안에, 또는 합격하고 나서 나를 떠나간 이후에도 늘 이 생각을 가지면 좋겠다. 언제나 나는 가능하다. 해낼 수 있다. 늘 자기 자신을 칭찬하라. 지금 이 수험 기간은 합격 후 여러분들이 꿈꾸는 삶에 비하면 지극히 짧다.

46

지금부터
계획표를 5장 세워라

수험생은 지금부터 계획표를 5장 써야 된다. 첫째는 매일 계획표 한 장, 둘째는 일주일 계획표 한 장, 한 달짜리 계획표 한 장, 그리고 어떤 강의나 교재가 끝나는 두 달 과정 계획표, 마지막으로 전체 시험 날까지의 계획표. 이렇게 총 5장 시간표가 필요하다.

성공적인 수험 생활을 위해서, 합격을 위해서 치밀한 계획을 세우고 계획된 대로 공부를 해가는 게 너무나 중요하다. 계획표를 제대로 세우지 못하면 시간에 끌려가게 된다.

"선생님, 공부할 것은 많은데요. 어떻게 하면 공부를 이끌어 가

'인생독립'이 곧 행복이다 ───────────

고 계획을 잘 세울 수 있습니까?" 수험생뿐만 아니라 미국 대통령에게도 하루에 주어진 시간은 24시간이다. 일의 경중, 즉 중요한 일과 덜 중요한 일을 구분하는 것이 중요하다.

그다음은 우선순위다. 더 중요하고 급한 일을 먼저 우선하고 좀 덜 중요한 것은 나중으로 미루면 된다. 일주일짜리 계획표에서 월화수목금토에는 매일 10시간씩, 60시간을 채우고 일요일은 비워놔야 한다. 5~6일 동안에 계획했던 공부를 못 하면 그걸 보충할 수 있어야 된다.

재충전할 시간도 필요하다. 일요일 하루 정도는 내가 지난 6일간 잘해왔는지 한번 돌아도 보고, 빠뜨린 것 있으면 보충하자. 또한 주간 계획을 세우고, 일주일간 잘 해왔다면 자신을 칭찬해준다. 중고등학교 다닐 때도 공부 잘하는 애들은 미리미리 준비하는데 꼭 마지막에 와서 벼락치기 하는 애들이 있다. 그런 사람은 다 시간에 끌려가는 자다.

수험생에게 가장 좋은 날이란 어떤 날일까. 생각해보면 별것 없다. 다이내믹하고 열정적이고 새로운 일이 발생하는 날이 아니고, 침대에 누워 하루를 돌아보면 '내가 아침에 세운 계획대로 공부를 잘했네' 라는 생각이 드는 날. 그게 수험생에게 가장 좋은 하루일 거다. 그날이 반복되고 반복되면 일주일이 지나고 한 달이 지나고, 결국 시험 날이 되었을 때 '참 잘해냈다' 하게 된다.

매일매일 그날 하루를 돌아보라. 40대 1에서 39명을 제치고 내가 가장 열심히 했다고 자부할 수 있을까?

"예스, 예스, 예스!"

이렇게 외칠 수 있는 날들이 반복된다면 아마도 합격자 명단에서 자신의 이름을 보게 될 것이다.

'인생독립'이 곧 행복이다

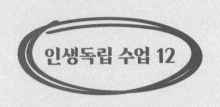

大丈夫의 뜻으로

오직 한 길을 가라.

- 독한 마음으로 독하게 안하면 안된다.
- 공격에 모든 걸 바치는 기간은 별로 길지 않다.
- 사랑하고 싶으면 공부만 해야한다.

＊ 하루 일과표 ＊

```
05:30        기상. (운동·세면·Q·T). 계획표.
06:30 ~ 07:30 : 1시간
07:30 ~ 08:00 : (아침식사)
08:00 ~ 12:00 : 4
12:30 ~ 17:30 : 5
17:30 ~ 18:00 : (식사)
18:00 ~ 24:30 : 6 / 30.
                      16시간 30분.
```

100개 다욱분
무조건 한 번만 공부하니
꼭 해라/하라

한 길만 가라! 무엇을 위해 살아가는가가 아니라,

무엇을 위해 포기하는가가 인생을 결정한다.

47

아이고, 인생 끝이다

인생사 새옹지마(塞翁之馬)라고 한다. 학교 다닐 때 한자 시간에 배웠을 거다.

노인의 집에 말이 한 마리 들어왔다. 이게 웬 떡이냐 하지만 아들이 그 말을 타다가 떨어져서 장애를 갖게 된다. '아이고, 이놈의 말 때문에 참 운이 없다'고 했는데 그 나라에 전쟁이 일어났다. 옆집 다리가 건강한 아들들은 다 전쟁터에 나가서 죽었는데 노인의 아들은 다리에 부상을 입었기 때문에 전쟁터에 나가지 못했고, 살아남았다. 말이 아들을 살린 거다.

그런데 얼마 지나지 않아 말이 집을 나가버린다. 아쉬운 마음을 달래고 있는데 이 말이 짝짓기를 해서 새끼 한 마리를 데리고 들어온다. 한 치 앞을 모르는 인생사와 같다. 오르막이 내리막이 되고, 달도 차면 기울고, 밤이 지나면 아침이 찾아오고, 봄이 지나면 여름이 온다.

어떤 화를 당하면 눈앞이 캄캄하겠지만 그것이 도리어 복이 될 때도 많다. 수능 강사 할 때 어떤 학생이 지방대에 떨어져서 죽겠다고 했었다. 걔가 이듬해에 고려대에 붙었다. 나의 네이버 카페 회원 수가 35만 명이고, 하루에도 수백 개의 글이 올라오지만 떨어진 학생들이 죽겠다고 하는 글에 댓글도 안 단다. 좌절을 경험해보지 않고 바로 합격하는 것보다는 어차피 합격할 것 같으면 한두 번 떨어져보는 것도 나쁘지 않다.

"절대 안 돼요" 하겠지만 인생을 조금 더 살아본 내가 보기엔 좀 떨어져도 괜찮다. 어떤 화를 당하거든 "아이고, 인생 끝이다"라고 극단적으로 생각하지 말고 시간 지나보니 복이 되는 경우도 많다는 걸 기억하면 좋겠다.

각자 겪어야 될 문제들이 있겠지만 그것을 좀 멀리서도 보고, 화가 복이 될지 누가 아나? 이런 생각이 도움이 될지도 모르겠다.

"골목을 돌기 전까지는
무엇이 있는지 알 수가 없지 않나?"

날이 밝기 전 어두움을 지나야 태양을 볼 수 있다. 그게 인생이고, 그래서 삶이 재미있는 거다. 앞날은 알 수 없으니까 항상 희망을 가지고 살자. 앞으로 좋은 일이 많을 거다. 좀 안 좋은 일이 생겼다고 해서 극단적인 생각하지 말고, 곧 태양이 뜨려나 보다고 생각하자.

'인생독립'이 곧 행복이다

48 오늘 해야 될 일이 있다는 것

자주 하는 이야기지만 내가 수능 강사 초기 때 돈 잘 벌었다. 34세에 8층짜리 건물 학원 이사장이 됐다. 내 아내가 공무원인데, 그때는 9급이었다. 벌어 오는 돈 뻔하고, 내가 워낙 많이 버니까 아내보고 그만두라고 했다. 그때 우리 장모님이 애 둘을 다 봐주셨는데 "전 서방, 그러지 말게. 공무원이라는 직업이 얼마나 귀한 직업인데 돈이 전부는 아니지 않은가? 사람이 직업을 갖는다는 게 참 소중하고. 내가 애 봐주면 되니까" 그때 우리 장모님한테 내가 한 방 먹고 "예" 하고 넘어갔다.

두 번째로 우리 장인어른한테 또 한 방 먹었다. 장인어른이 그때 건축 일을 하셨는데 "장인어른, 제가 다 먹여 살릴 테니까 이제 일 하지 마시고 그냥 놀러 다니세요" 했더니 "전 서방, 내 직업은 목 수인데 성경에서 보면 예수님도 목수거든. 새로운 집을 짓는 새로 운 창조 작업을 하는 거고, 남들이 보기에는 힘들겠지만 나는 내 일이 있다는 게 가장 보람되고 소중하다고 생각해. 그 돈이 전부가 아니라고" 하셨다. 30대 초반에 돈을 많이 벌게 되니까 사람이 그 렇게 교만해졌다. 그 뒤로 내가 완전히 실패했다.

내가 엎어지고 난 뒤에 아내가 공무원으로 번 돈으로 애 둘 교육 을 다 시켰다. 나는 10년 가까이 밑바닥 생활을 했다. 공무원으로 버는 돈이 적은 줄 알았는데 알고 보니까 가장 큰 돈이었다. 내 월 급은 좀 들어오면 다 빚쟁이들이 가져가버렸다. 하나도 없이, 탈 탈탈.

그렇게 아내가 벌어온 돈이 결국은 우리 가정을 지탱했다. 내가 참 못났다는 것을 깨달았다. 내가 그때 경솔하고 교만했다. 우리 장모님, 장인어른의 말씀이 맞다.

아버지, 어머니 은퇴하라는 얘기 하지 마라. 시골에 있는 우리 어머니는 공공근로를 하신다. 나이 77인데.

시골 가면 꽃길 조성하는 데가 있는데 도로에 코스모스 심고 그

'인생독립'이 곧 행복이다

런 일이다. 처음에 우리 형님은 내가 창피할 텐데 그런 걸 하시느냐고 했다. 알고 보니까 공공근로 일 시키는 면장, 부면장, 그 밑에 직원들이 다 아는 사람들이거나 내 제자들이었다. 그 사람들이 처음에는 안 믿었다고 한다. 그런데 시골에 소문이 나서 이제는 다 안다. 나는 어머니한테 괜찮다고 했다. 할머니가 지금 놀면 뭐 하시냐고. 그래서 우리 어머니가 그 일을 하시면서 요즘 너무 행복해하신다.

마을에서 7~8명 정도 모여 도시락 싸서 가는데 가서 반찬 나눠 먹고 너무 행복해서 전화하면 전화도 안 받는다. 경로당에 가서 노는 것보다는 그게 행복이라고 하신다. 나는 그 마음을 이제는 안다. 겪어봐서. 노동이 너무나 소중하고 귀하다는 것을.

월급이 전부가 아니다. 눈을 떠서 나를 찾는 곳이 있다는 것, 내가 오늘 해야 될 일이 있다는 것이 굉장한 삶의 가치이고 존재의 이유가 되어준다. 노인이 되면 힘든 게 무위고(無爲苦)라고, 할 일이 없는 것이다.

그러면 이제 사람은 죽음만 기다려야 된다. 부모님 건강을 해치지 않는 한도 내에서 일을 하시라고 하라. 우리 어머니는 공공근로로 조성한 꽃길을 지나가면서 '이거 내가 심은 꽃'이라고 보람을 느낀다.

나는 소중한 직업을 절대 그만두지 말라고 한다. 그래서 우리 애들보고도 아빠가 제일 존경하는 누구인지 아냐고, 너희 엄마라고 한다. 내 아내는 거꾸로 나보고 한 번도 그런 말을 안 했다. 존경할 만한 가치가 없어서 그렇지 않겠나 싶다.

'인생독립'이 곧 행복이다 ──────

49   선생님은 꿈이 뭡니까

경산 설명회에 갔었을 때 일이다. 40여 분의 강연 후 자유로운 소통의 시간을 한 시간 정도 가졌는데 어떤 분께서 "한길쌤 향후 꿈이 뭡니까, 10년 뒤에 뭐 하실 겁니까"라고 물었다. 사실, 지난 목포에 갔을 때도 비슷한 질문을 받았다.

나의 답변은 동일했다.

> "한길쌤은 한길쌤이 좋아하고 잘 할 수 있는 강사라는 직업
> 을 가진 사람으로서 강의 하나로 이 자리까지 왔고, 지금

정상의 자리에 섰고, 그래서 이렇게 여러분과 시간을 함께
할 수 있습니다. 나의 수업을 듣고 한국사 고득점 맞고, 합
격해서 많은 젊은이들의 꿈을 이루게 해주는 이 직업보다
더 보람되고 더 행복한 일은 없을 것 같습니다. 내 힘과 기
력이 닿을 때까지 더 많은 분들께 성공과 행복의 선한 영향
력을 전하며 지금의 이 길을 한길로 계속 갈 것입니다."

　나를 알게 된 모든 이들이 그 전과 후가 분명히 다를 것임을 나
는 확신한다. 꿈을 위한 준비 기간에 있다면 반드시 합격의 주인공
이 될 것이고, 원하는 목표를 이루었다면 그 일을 하면서 즐겁고
행복하기를, 모두 각자의 꿈이 이루어지길 소망한다. 진심으로 나
를 믿고 따라준 모든 분들께 다시 한번 감사하다는 말씀을 드리고
싶다.

50

메멘토 모리, 카르페 디엠,
그리고 아모르 파티

늘 오른손, 왼손, 머릿속에 담고 가야 될 말.

"Memento Mori(메멘토 모리)."

죽음을 기억하라(Remember die). 사람들은 어리석다. 천년만
년 살 것으로 착각하는데 얼마나 큰 오산인지. 살아봐야 100년도
못 넘기는데 다들 돈, 돈, 돈, 권력, 권력, 권력, 명예, 명예 한다. 죽
음은 항상 우리를 겸손하게 만들어준다. 지나친 탐욕이나 욕심에

집착하지 않게 만들어준다. 옛날 로마시대 장군들이 전쟁에 이겨서 개선할 때, 많은 백성들의 열렬한 환호와 박수를 받고 있노라면 그 밑에 종자가 따라가면서 계속해서 "메멘토 모리, 메멘토 모리"라고 이야기했다. "지금 당신이 승리를 하고 개선장군이 되어 잘나가지만 너 역시 머지않아 죽지 않겠느냐? 절대 교만하지 마라"하는 것을 일깨워주는 말이다.

"Carpe Diem(카르페 디엠)."

현재를 즐겨라(Sieze the day). 영화 「죽은 시인의 사회」에서 주인공 키딩 선생이 학생들에게 "너무 대학만 생각하고 오늘의 낭만과 기회, 시간의 소중함을 잊어서는 아니 된다"라고 전하는 대사로 더 유명하게 된 말이다. 모든 순간은 지나고 나면 영원히 다시 돌아오지 않기에 너무도 소중하다. 고대 그리스의 철학자 헤라클레이토스는 "우리는 같은 강물에 두 번 발을 담글 수는 없다"라고 하였다.

여러분이 합격을 위해서 보내고 있는 이 순간 또한 소중한 삶의 일부이지 않은가? 즐기면서 신바람나게 공부하자는 것이다. 또한 앞서 말씀드린 대로 남이 시켜서가 아니라 내 스스로 선택한 길이니 얼마나 떳떳하고 멋진 것인가. 현재를 즐기자. 카르페 디엠.

"Amor Fati(아모르 파티)."

내 운명을 사랑하라(Love your fate). 바꿀 수 없는 것은 운명으로 받아들이고 그 운명마저도 사랑하며 살아가자는 것, 받아들이고 순응하는 것, 고된 수험 생활에도, 합격의 기쁨을 맞이한 순간에도, 실패와 좌절의 시기, 그리고 성공한 그 이후에도 필요한 말이다. 내가 학원 사업과 출판 사업의 부도를 맞았을 때 우리 어머니께서도 "아들아, 지금 많이 힘들겠지만 이 또한 너의 삶이니 잘 견뎌내도록 해라"라고 하셨다. 나이 들어 인생을 돌아보니 비록 가난하고 힘든 시기였더라도 모든 것이 소중한 삶의 일부였다라고 하셨던 어머니의 말씀을 난 아직도 기억한다. 이 수험 생활도 언젠가 끝이 난다. 머지않아서 합격하지 않겠나? 지금부터 독하게 마음 먹고 내 인생에서 남은 며칠은 없다고 생각하자. 나에게 주어진 모든 에너지와 시간과 열정을 공부에 미쳐보는 거다. 노래 가사에도 있지 않은가. 분명히 끝이 있고, 끝난 뒤엔 지겨울 만큼 쉴 수 있다. 늘 교만하지 말고 현재를 즐기며 나를 사랑하자. 메멘토 모리, 카르페디엠, 아모르 파티.

"人生"

Every body will die.

If, 죽음 둥것 끝난다면

My life is all his will

① 믿음으로 살아.

② 豪惠 : 믿음·성직·사랑

③ "메세 메비 직겔

　　우바르신," (경건한 삶)

↳ ∴ 항상 기뻐하라. 쉬지 말고

기도하라. 범사에 감사하라.

"감사하는 마음을 가지고 살면 인생은 살 만하다."

— 알베르 카뮈(Albert Camus)

한길—록(錄)

#기록으로서의 역사
#기록은 기억을 지배한다

포켓 다이어리 50권

캠퍼스노트 다이어리 21권

"역사란 과거와 현실의 끊임없는 대화이다."

― E.H.카(Edward Hallett Carr)

1989년 6월 19일
내 인생은 내가 설계한다

아침에 대구 시립 도서관에 갔다.
낮이 되니까 대학생들이 많이 왔다.
별로 공부가 내키지 않아서 집으로 왔다.
오후에도 공부가 잘되지 않았다.
저녁 때에는 내 인생에 대해서 생각했다.
"내 인생은 내가 설계한다"
지금 노력에 따라서 내 인생의 갈림길은 이후 크게
달라진다. 과연 앞으로의 내 인생은 어떻게 될 것인가.
내 인생은 나의 설계에 의해서 성공이냐 아니면 실패냐가
결정된다. 앞으로 나는 어떻게 할 것인가.
며칠 전 형이 내게 경찰대학교에 가보는 것이 어떠냐며
조언을 해주었다.
그 말이 조금 자극이 되었다.

6/19 월. 흐림.

아침에 매 시간 도산에 나가. 밤이 되니까 배밤함들이
깊이 왔다. 별로 뭣따가 새미기 많아서
밤에 집으로 왔다. 그리고 오후에는 내인생을 어가
망치려? 하눈시 공부가 굴되지 않았다.
최오 저녁 때에는 내인생에 반해서 생각했다.
"내인생은 내가 쉽게 한다" 시초노령에 대해서
내인생의 갈짐감을 어그르게 놓았다. 과연 앞으로의
내인생을 어떻게 올것인가. 내인생은 나자인이 실계에 어떠
성공이냐 아니면 실패냐가 결정된다. 앞으로 나는 어떻게
할것인가 ● 여러분 앞의 조언에 내가 정물어팔받 가줄은게
어떠분을 해내서 ● 경품 색이 건데나 어제 했다.
나는 그말에 소는 ⊕ 가득이 되옸다 ━━━━━

1990년 1월 1일
기쁨의 한 해가 되길 바라며

89년은 나의 게으름으로 인한 대학 실패,
그로 인한 재수, 재수로 인한 고통의 1년이었다.
결과부터 말하면 독학을 해서 대학에 합격했고
그 결과로 유추해보면 열심히 했다고 평가 내릴 수 있다.
아무튼 재수생으로 맞았던 89년이 가고,
대학생으로서 맞는 90년이 밝았으니
올해는 기쁨의 한 해가 되길 바란다.
나와 우리 가족 모두가 건강하고 큰 걱정 없는
평온한 가정이 이루어지길 바라며,
나아가 우리나라와 세계의 평화가
만세상에 가득하길 바라며 희망차게 90년을 맞는다.

1990/1/1 을 새로이 맞고 1989/1.1～12.31 을 보내며……

89년은 나의 게으름 으로 생긴 대학실패. 그로
  인한 재수. 재수로 인한 고통의 1년 이었다.
  결과 꾸히 말하면 죽을힘을 햇기 때문에
  합격 햇고 그 결로 유 해보면 열심히
  햇다고 평가 내릴수 있다.
  아울러 재수생으로서 불안턴 89년이요
  대학생으로서 맞는 90년이 틀림없이
  올해에는 기쁨의 한해가 되길 바란다.
  주님의 은총으로 나와 우리 가족 모두 건강한
  큰 걱정이 없는 평온한 가정이 이루어지길
  바라며 나아가 우리나라와 세계의 평화가
  만세상에 가득 하길 바라며
      희망 차게 90년을 맞는다 .

1997년 4월 2일
세상에서 가장 가치 있는 삶

나는 내가 배우고 알고 있는 것을 가르치며 살아가는 것이
세상에서 가장 보람되며,
       가장 즐거우며,
       가장 가치 있는 삶이라 생각한다.
오늘 이렇게 첫 강의와 함께 이 일기장을 기록하여
내 평생 마지막 강의를 할 때까지,
내 인생에 대한 강의 기록을 하고자 한다.

CAPTAIN'S
TEACHING
DIARY ①

나는 내가 배우고 알고있는 것을
가르치며 살아가는 것이
세상에서 가장 보람되며,
　　　　가장 즐거우며
　　　　가장 가치있는 삶이라 생각한

오늘 이렇게 첫 강의와 함께 이 일기장을
기록하여　내 평생 마지막 강의를 할 때
까지 기록하여

내 인생에 계환 강의기록을 하고자 한다.
　　　　　　　　1997. 4. 2.

2002년 3월 21일
EBS 첫 TV 방송 촬영을 하루 앞두고

97년 아르바이트로 첫 강의를 시작한지 7년 만에
내일 드디어 모든 강사들의 꿈인
EBS 방송 강의에 출연하게 되었다.
기쁘다.
늘 함께해준 아내와 장인 장모님, 시골의 부모님,
모든 가족들에게 감사드린다.
사회, 지리, 국사를 좋아하게 해주신
정숙희 선생님께도 감사.
장모님께서 늘 "집안 걱정하지 말고 일 열심히 하라"고
하셨는데, 열심히 해야지.
내 강의와 모든 것을 짧은 시간에 보여줘야 하므로
착실이 연구를. 정직하게, 지금까지 해왔던 것처럼.
꿈과 희망을 심어주고 싶다.
진도만 나간다면 앵무새
자유롭게 행복의 비결에 대해서 말하고 싶다.

3. 4. (금일)

EBS. 첫 방송을 하루 앞 두고.

위언 처음 아르바이트로 첫 강의를 시작한지 7년만에
재일한 드디어
모든 학원 강사들의 꿈인
EBS 방송 강의에 출연하게 되었다.

기뻤다.
하나님께 감사드린다.
ㅇ 늘 좋게 해결 이끌어 주신 창의 강xx님
시상이 관련한. 모든 처음들에게 감사드린다.
사회. 지리. 국사를 좋아하게 만들어주신
정XX 선생님께도 감사——
ㅇ 장xx—— 늘 잘한 거겠찌맘 일 앞으로의
하라고 확신.

열심히 하겠다.
강의내용도 열심히
ㅐ 강의와 모든 것은 짧은 시간의
ㅁ 보내야 하면은 최소의 연구를.

정직하게.
지금까지 해온 것처럼.
꿈과 희망을 심어주고 볼날
힘도면 나아가며 열려서. 최선을께 했하겠다

2009년 8월 17일
오그만디노의 성공 10계명

– 나의 재도전을 응원하며–

01. 오늘부터 나는 새로운 삶을 시작한다
02. 나는 사랑이 풍만한 마음으로 이 날을 맞이하리라
03. 나는 성공할 때까지 밀고 나아가리라
04. 나는 자연의 가장 위대한 기적이다
05. 나는 오늘이 마지막 날인 것처럼 살아가리라
06. 나는 내 감정의 지배자가 되리라
07. 나는 웃으면서 세상을 살리라
08. 오늘 나는 나의 가치를 수백 배 증대시키리라
09. 이제 나는 실천하리라
10. 이제부터 나는 기도하리라

성공 두루마리 10개명   - 오그 만디노 -

1. 오늘부터 나는 (새로운 삶을) 시작하리라. ... 좋은 습관의 노예

2. 나는 (사랑이) 충만한 마음으로 이 날을 맞이하리라. ... 사랑 ..

3. 나는 (성공할 때까지) 믿고 나가리라. ..... 삶의 보상은 인생 행로라 끝에 있오.

4. 나는 (자연의) 가장 위대한 기적이다

5. 나는 (오늘이) 마지막 날인 것처럼 살아가리라. ... 내 죽음 앞으로 나아…
    (우리, 위대)

6. 나는 내 (감정의) 지배자가 되리라... 싫은거 싫고, 어느 감은 거루리, 받으되.

7. 나는 (웃으며) 세상을 살리라... 건어도 다 지나간다. 지혜 인류조상까지?
    [행복은 시장될 수 있는지 말이다

8. 오늘 나는 (나의 가치를) 수백 배 증대시키리라.

9. 이제 나는 실천하리라. ... 계획은 개으른 (동기) 위한 명언 …
    상공은 기다려서 자라는 ᆼ. 오늘실천 …

10. 이제부터 나는 기도하리라?

2009년 10월 3일
한 번 더 도전하여야 할 의무

피터 드러커는 95세까지 저술 활동을 했다.

'꿈'은 젊은이들만의 몫이 아님
중년, 노년에게도 꿈은 있다.
'노년'은 허무와 좌절의 때가 아니라 '충만'의 때

나이 들면 육체는 늙어가지만
'열정', '창조성', '분별력'은 더 커진다.

도리스 레싱(노벨문학상)은 88세에
『알프레드와 에밀리』 탈고
모네(인상주의)는 80세에도 하루 12시간씩 그림
피카소는 90세 넘도록 그림 활동
70세에 새로운 형식과 유화 개척

우리 사회의 조로증 풍조를 경계하라!

한번 더 도전하여야 할 의무

○ 되뇌 드려카는 : 90세 까지 하는활동 (죽은 때 까지)
　　　　→ °° 자신이 감동한 '베르디'의 환희로프가 베르디 90세다
　　　　　　　　　　　　　　　　　　　　　　　　　증축

○ 꿈은　젊은이들만의 꿈은 아님. 중년. 노년의 사람마게도
　　꿈은 있다.
　　"노년"은 허무와 좌절의 시기가 아니라 " 중만 "의 때.
　　　　　　　　→ °° 지음까지의 경험과경혼 봤

○ 나이들면 육체는 늙어 가지만
　　　　　　　　열정' 창의성' '불뚝증'은 더 大.

○ 도거스 제성 (노년 복항성) : 88세. 안드레스와 더하면 '활동

○ 모네 (인상주의) : 80세 · 하루 10시간씩 그림.

○ [되구나도] :　(90세) 보도록 그린활동
　　　　　　　　(90세에) 새로운 형식 추구 갔작.

　　└→ 우리 사회의 '조로증' (早老症) 풍조 경계 풍.

　　　　　└→ 축복했 누 몸는 원은 환앙'

2010년 어느 날
고된 하루지만……

가족의 이름을 부를 수 있는
매 순간이 기적이다.

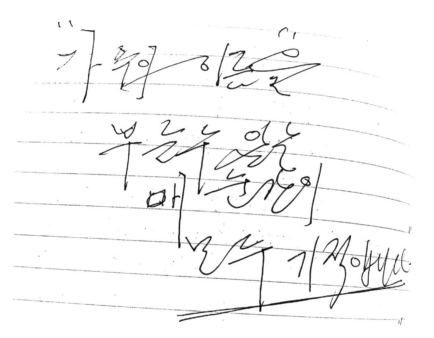

한길-록(錄)

2011년 3월 19일
배우고, 깨닫고, 실천하라

이제야 깨달았다!
성공의 비법

내가 이루고자 하는 가장 중요한 하나의 목표를 이루기 위해 두 번째 중요하고 세 번째 중요한 것은 미루거나 포기할 수 있는 것!

1. 미친다 (=몰입) (=집중)
2. 지속한다
3. 실행한다 (=action!)

1%의 아이디어와 99%의 실천이다!

이제서야 깨달았다!

성공의 비방

① 미친다 (= 몰입) (= 집중)

② 반복.

③ Action.!

1% Idea와

99%의 실천이다!

※ 기타: 내가 이 일은 좋아하는가? // 잘 쌓여있는가?!!

日新又日新

2011년 4월 12일
늦은 깨달음

나에게는 세상 사람들이 가장 부러워하는 것이
다섯 있으니,
신앙, 건강, 젊음, 가정, 꿈이다.
비록 돈 좀 없어도
너무너무 행복하고 감사하다.

나에게는,

세상 사람들이 가장 부러워하는 것이
신(信) 없으니

신앙, 건강, 젊음, 가정, 꿈 등에
비추, '돈'은 없어도

너무 너무 행복하고 감사하다

2011. 4. 1조.

늦게 깨달음.

2011년 10월 31일
D-1 노량진 첫 개강

가을인데, 올해 내게는 가을이 없다.
대신 새로운 도전이 있고,
새로운 도약이 있을 것이다.

'11. 10. 31. (0ㅓ 7세공) 쥐박스
서울가는 길.

가끔인데 올해 빠르는 가을이 없다

대신 새로운 도전이 있고,

새로운 도약이 건도 : 한번쯤 (만시
있을것이다

2012년 11월 14일
두 종류의 삶

인생에는 두 종류의 삶이 있다.

– 기적 같은 건 없다고 믿는 삶
– 모든 것은 기적이라고 믿는 삶

오늘 칼럼을 보니 아인슈타인의 말이라고 하네.

All is miracle
All is his will
All is well

2012. 8. 4. 45주
- 상상. 7:10 ~ 12.
· 도움의 돌. Lee T.

◎ 인생에는 두 종류의 삶
　〈 · 기적 같은 것 없다
　　 · 모든 것이 기적 이라고 믿는 삶
　　　　　　　　↓
　　　　　　 me, but 오늘 깨달으며
　　　　　 아인슈타인의 말 이라함에

All is miracle
All is his will
All is well

2013년 3월 25일
사랑이란

사랑은, 시간을 내주는 것이다.
사랑은, 함께하는 것이다.
함께함으로 친밀하게 되고
친밀함으로 사랑을 탄생케 한다.

어떤 사람과 친해지려고 하면
그에게 시간을 내주어야 한다.
함께 보내는 시간이 없으면 친밀함이 생길 수 없다.

사랑은, 시간을 내주는 것이랑
         함께 하는 것이다.
         함께함으로 친밀해지고
         친밀함으로 사랑을 탄생케 한다

• 어떤 사람이- 친해지려면 그에게 시간을
  내주어야 합니다. 함께 보냈는 시간이 없다면
  친밀할수 생길 수 없습니다.

2013년 10월 29일
마음 약속

내 잃고 너 얻고,
내 얻고 너 잃는다면
난 내 잃고 너 얻으리라.

주는 자에게 복이 있나니
언제 어디서나 무엇하든
나로 인해 복 받으라.

2013. 10. 29. 마음 약속
" 기도

내 왔고 너 없고,

내 없고 너 왔는다면,

쇼, 내 왔고 너 없으와
(내 소행 ~~~~~ 너 섬공하여
왔고

"주는 자에게 복이 있나냐"

"언제 어디서나 무엇하든
사도 인허 꼭 받으와"

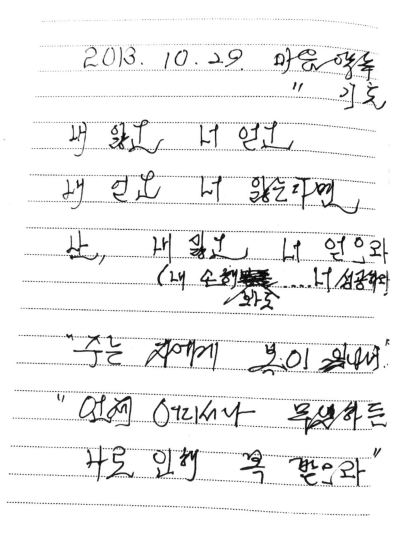

2015년 어느 날
다짐

겸손하라.
나의 실력 있음을 뽐내지 말고, 현학적인 척하지 말라.
아낌없는 나무가 되어라.
어려운 학생을 도우라.
그리고 아무에게도 알리지 말고,
아무것도 바라지 마라.

○ 겸손하다.
　　나의 실력있음과
　　　현학쩜인 죄 맒다.

　　아낌없는 나무

● 어진, 어려운 학생 도우다.
　　그리고　아무에게도 울퇴지 맗고
　　아무런즈 바라지
　　　　　맒다.

2016년 8월
도산 선생님으로부터 since1999

인생 10계명

01. 복 있는 사람은 악인의 꾀를 좇지 아니하며,
   죄인의 길에 서지 아니하며, 오만한 자의 자리에 앉지 아니하고,
   오직 여호와의 말씀을 밤낮으로 묵상하는 자로다.
02. 지혜로운 자는 시간을 아끼느니라.
   게으른 자의 길은 가시울타리 같으나, 정직한 자의 길은 대로니라.
03. 무릇 더러운 말은 입 밖에 내지 말고,
   오직 덕을 세우는 선한 말을 하여 듣는 자들에게 은혜를 끼치게 하라.
04. 분을 쉽게 내는 자는 다툼을 일으켜도,
   노하게를 더디하는 자는 시비를 그치게 하느니라.
05. 지혜로운 자는 아비를 즐겁게 하여도,
   미련한 자는 어미를 업신여기느니라.
06. 적은 소득이 의를 겸하면, 많은 소득이 불의를 겸하는 것보다 나으니라.
07. 너의 마음을 다하여 여호와를 의뢰하고, 네 명철을 의지말라.
08. 항상 기뻐하라, 쉬지 말고 기도하라, 범사에 감사하라.
09. 사랑으로 가르치라. 사랑이 없으면 소리 나는 꽹과리에 불과하다.
10. 대장부는 소인배와 논하거나 싸우지 않는다.
   다른 사람들을 위하여 오늘 하루 무엇을 할 것인가?

DATE

6. 지혜로운 자는 아비를 즐겁게 하여도 미련한 자는 어미를 업신여기느니라

6. 혹은 소득이 의를 겸하면 많은 소득이 불의를 겸한 것 보다 나으니라

7. 네 마음을 다하여 여호와를 의뢰하고 네 명철을 의지말라

8. 항상 기뻐하라. 쉬지 말고 기도하라 범사에 감사하라.

9. 사랑으로 가르치라. 사랑이 없으면 소리나는 꽹과리에 불과하니라.

10. 대장부는 소인 배와 논하거나 싸우지 않는다.
나의 역할대로 했다면 기뻐하며
자른 사람들은 외면 오늘하루
무엇을 했는가?
- 전 화길 -

DATE [도산 선생님으로부터]
since 1999 (2000) → 2016. 8.

人生 10계명

1. 복있는 사람은 악인의 꾀를 좇지 아니하며, 죄인의 길에 서지 아니하며 오만한 자의 자리에 앉지 아니하고 오직 여호와의 말씀을 밤낮으로 묵상하는 자로다. (내 삶의 기준)

2. 지혜로운 자는 시간을 아끼나니 게으른 자의 길은 가시울타리 같으나 정직한 자의 길은 대로니라 (성실·정직)

3. 무릇 더러운 말은 나의 입밖에도 내지말고 오직 덕을 세우는데 소용되는 대로 선한 말을 하여 듣는 자들에게 은혜를 끼치게 하라.

4. 분을 쉽게 내는 자는 다툼을 일으켜도 노하기를 더디하는 자는 시비를 그치게 하느니라.

2016년 어느 날
초심

———

"영혼 없는 수업 말라"
since 19년차, 47세 ㅠㅜㅠ
언제까지…
"심장 뛰는" 수업만 하라!

⇒ 영혼 있는 수업 팔자.

[Since 19멸차, 새1세 ㅠㅠ
[언제까지 ∘∘∘

"집장 뛰는" 수업만 하자!

선한 영향력

남은 수업?
무조건 '웃으며', '신나게'
나로 인해 그들이 한 번 더 웃을 수 있게
이 또한 선한 영향력!

2018년 여름부터 가을까지
해야 할 일

———————

"매일 목표한 것의 일상화"
1이 100이 된다.
미션 클리어.

DATE

7월

14(목) (O) (O) (O)

4(월)(O)(O) (O) 14(금) (O) (O) (O)
4(금) (O) (O) (O) 16(토) (O) (O) (O)
4(토) (O)(O) (O) 17(일) (O) (O) (O)
4일(O)(O)(O) 18(월) (O) (O) (O)
4(월)(O)(O)(O) 1P(화) (O) (O) (O)
4(화) (O) (O) (O) 20(수) (O) (O) (O)
30(수) (O)(O)(O) 4(목) (O) (O) (O)
31(목) (O) (O) (O) 22(금) (O) (O) (O)

9월
                          23(토) (O) (O) (O)
1일(금)(O) (O) (O) 24(일) (O) (O) (O)
2일(토) (O) (O) (O) 4(월) (O) (O) (O)
3일(일) (O)(O)(O) 4(화) (O) (O) (O)
4일(월) (O)(O)(O) 4(수) (O) (O) (O)
4(화) (O) (O)(O) 4(목) (O) (O) (O)
4(수) (O) (O) (O) 4(금) (O) (O)(O)
4(목) (O) (O)(O) 30(토) (O) (O) (O)
4(금)(O) (O) (O) 31(일) (O) (O)(O)
4(토)(O) (O)(O) (PA)
0일(일)(O) (O)(O) 1 일(월) (O) (O) (O)
1일(월) (O) (O) (O) 2 일(화) (O) (O) (O)
2일(화)(O) (O) (O) 3일(수) (O) (O) (O)
3일(수)(O) (O) (O) 4일(목) (O) (O)(O)

DATE

6월

13(수) (O) (O) (O) 82(금) (O) (O) (O)
14(목) (O)(O)(O) 3(금) (O) (O) (O)
15(일)(O) (O) (O) 4(토) (O) (O) (O)
16(월)(O) (O) (O) 5(토) (O) (O) (O)
17(화)(O) (O) (O) 6(일) (O) (O) (O)
18(수) (O) (O) (O) 7(월) (O) (O) (O)
1P(목)(O) (O) (O) 8(화) (O) (O) (O)
20(금)(O) (O) (O) P(수) (O) (O) (O)
21(토)(O) (O) (O) 10(목) (O) (O) (O)
22(일)(O) (O) (O) 11(금) (O) (O) (O)
23(월)(O) (O) (O) 12(토) (O) (O) (O)
24(화)(O) (O) (O) 13(일) (O) (O) (O)
4(수)(O)(O)(O) 14(월) (O) (O) (O)
4(목)(O) (O)(O) 15(화) (O) (O)(O)
4(금)(O) (O) (W) 16(수) (O) (O)(O)
4(토)(O) (O) (O) 17(목) (O) (O) (O)
4(일)(O) (O) 18(금) (O) (O) (O)
30(월)(O) (O) (O) 1P(토) (O) (O) (O)
7일(화)(O)(O) (O) 20(일) (O) (O) (O)
                          21(월) (O) (O)(O)
1 일(수)(O) (O) (O) 22(화) (O)(O)(O)
                          23(수) (O)(O)(O)

감사의 글

수능 강사 시절, 우연히 한 제자로부터 두레교회 김진홍 목사님의 설교 말씀을 녹음한 테이프 추천받아 오랫동안 들어왔었다. 매주 보내오는 그 테이프를 반복해서 들으면서 많은 영감과 깨달음을 얻었고 자연스럽게 내 강의 철학에도 큰 영향을 받았다. 특히, 내가 경영에 실패하고 빚더미 위에 앉아있을 때 "힘들 땐 목을 만져보고 콧구멍에 손을 대봐라. 목이 붙어 있고 콧구멍에 숨이 들어가고 나가고 있다면 그것은 살아 있는 것이고, 살아 있다면 결국 기회는 오게 마련이니 절대로 포기하지 말라"는 말씀은 내가 좌절하지 않고 다시 용기를 얻고, 재도전해서 여기까지 오는데 가장 큰 힘이 되어준 메시지였다.

　내 강의는 물론이고 강의를 바탕으로 쓰게 된 이 책 속에도 김진홍 목사님의 많은 말씀들이 녹아 있음을 밝히며, 직접 만나 뵌 적은 없지만 언제나 존경하고 이 글로써나마 진심으로 감사의 말씀을 드리고 싶다. 지금은 동두천에서 목회 활동하고 계시는 것으로 알고 있는데, 부디 하나님의 은혜 속에서 만수무강하시길 소망해본다.

KI신서 10938

네 인생 우습지 않다

1판 1쇄 발행 2023년 6월 12일
1판 11쇄 발행 2024년 3월 29일
2판 1쇄 발행 2024년 7월 3일
2판 5쇄 발행 2024년 12월 27일

지은이 전한길
펴낸이 김영곤
펴낸곳 ㈜북이십일 21세기북스

인생명강팀장 윤서진　**인생명강팀** 박강민 유현기 황보주향 심세미 이수진
출판마케팅팀 한충희 남정한 나은경 최명열 한경화
영업팀 변유경 김영남 전연우 강경남 최유성 권채영 김도연 황성진
제작팀 이영민 권경민

출판등록 2000년 5월 6일 제1406-2003-061호
주소 (10881) 경기도 파주시 회동길 201 (문발동)
대표전화 031-955-2100 **팩스** 031-955-2151 **이메일** book21@book21.co.kr

(주)북이십일 경계를 허무는 콘텐츠 리더

21세기북스 채널에서 도서 정보와 다양한 영상자료, 이벤트를 만나세요!
페이스북 facebook.com/jiinpill21　포스트 post.naver.com/21c_editors
인스타그램 instagram.com/jiinpill21　홈페이지 www.book21.com
유튜브 youtube.com/book21pub

서울대 가지 않아도 들을 수 있는 명강의! 〈서가명강〉
'서가명강'에서는 〈서가명강〉과 〈인생명강〉을 함께 만날 수 있습니다.
유튜브, 네이버, 팟캐스트에서 '서가명강'을 검색해보세요!

ⓒ 전한길, 2023
ISBN 978-89-509-2004-3 03320